Gesell Selection

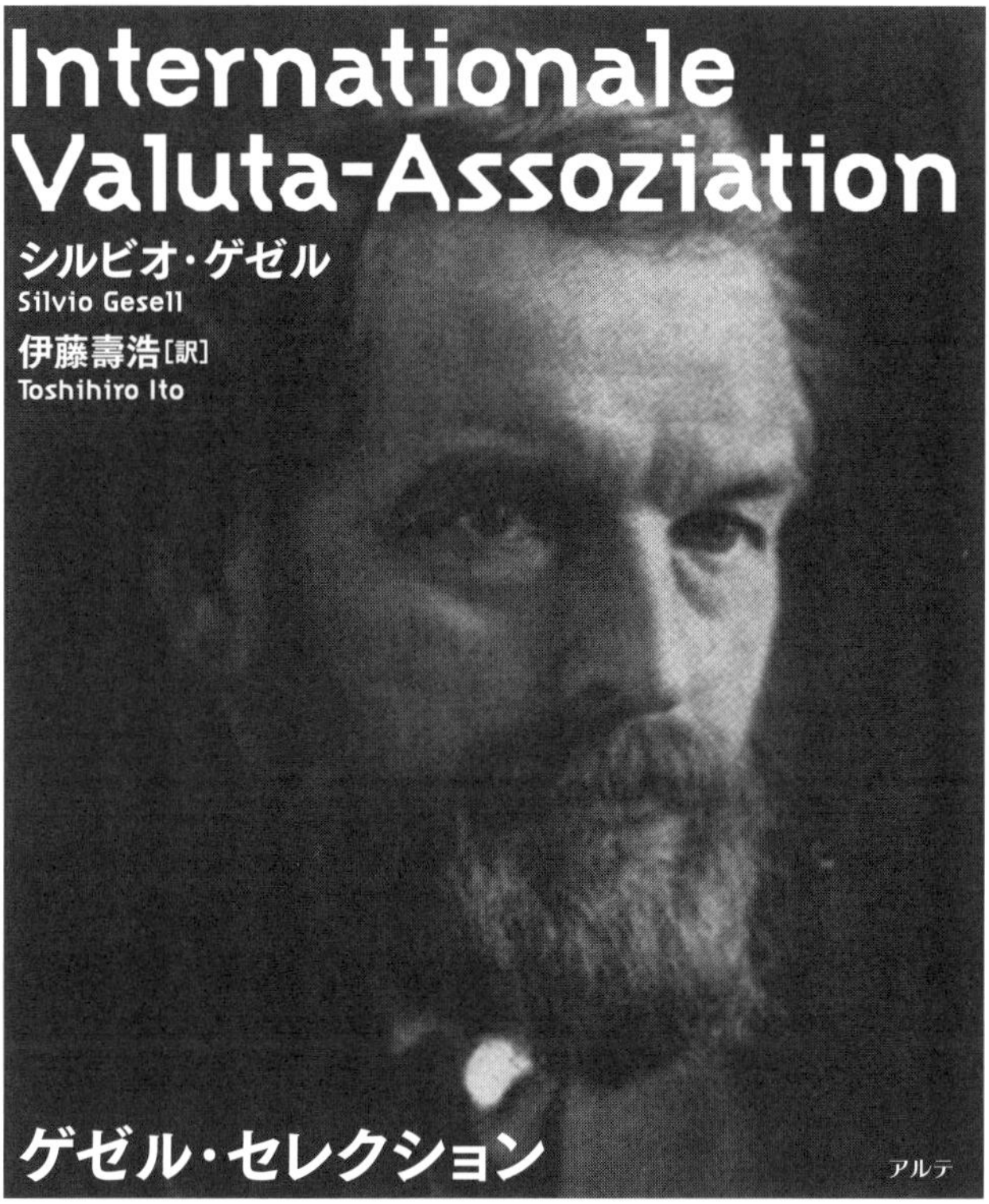

Internationale Valuta-Assoziation

シルビオ・ゲゼル
Silvio Gesell

伊藤壽浩［訳］
Toshihiro Ito

ゲゼル・セレクション

アルテ

国際通貨同盟

Silvio Gesell
Internationale Valuta-Assoziation (IVA)
Voraussetzung des Weltfreihandels, der einzigen für das zerrissene Deutschland in Frage kommenden Wirtschaftspolitik, 1920

Das Reichswährungsamt
Wirtschaftliche, politische und finanzielle Vorbereitung für seine Errichtung, 1920

Deutsche Vorschläge für die Neugründung des Völkerbundes und für die Überprüfung des Versailler Vertrages, 1921

An das deutsche Volk !
Kundgebung auf dem Kongreß zu Hannover, 1921

Gauke GmbH

目　次

国際通貨同盟

ドイツ通貨局

国際通貨同盟

世界自由貿易のための前提——引き裂かれたドイツにとって有効可能な経済政策

導入

地理の教科書に引かれた国境線はまるで敵同士のように妥協がなく、切り立った壁のように険しい。青、赤、黄色に色分けされた小さな面が、妥協のない険しさとして子どもたちの心に刻みこまれる。教師の説明も厳密さを和らげることはない。緑の部分が君たちの国だ。横から押してくる赤い部分がロシアだ。教師はこうして地図の上での妥協のなさに所有という考えを付け加える。

こうした教育の合間に語られる真実でないイメージを下敷きにして、将来の政治が行われてゆくのである。所有という考えの中では、この明確な区分が妥協なくぶつかり合う。そこに響くのが金切声だけだとしても驚くことではない。

人生の中で教科書に載っていた地図の多くを正す必要に迫られることがあるだろう。しかしそうはさせまいと、いやむしろ青色や黄色の面の境界線をナイフで切った様に更にシャープに引き直そうとするのが、税関、及び税関が生み出した「域内貿易」「国家経済地域」「関税連合」「中部ヨーロッパ」など自由貿易の代替手段と名付けられるであろう欺瞞に満ちたあらゆるイメージなのだ。国境がどこだったか忘れた人や物事の性質や人間の営みはそんなものと関係ないと思っている人にとっては、外国人の乗客の耳慣れない会話や風景が変わり、空気が暖かくなったり過酷になったり、ブロンドや黒髪のおさげが見えたとしても、自分の国の境界を越えてあの青や赤に塗られた面を出入りしたことを意味しない。それをはっきりと示すのは税関だ。ひげを生やしたり覆面を被った男たちが列車の中であなたの肩をゆすって起こし、冷たい冬の夜、税関の検閲へと駆り立てる。破るように荷物を開けてくまなく探す。これで君は国を出たこと、あるいは再び帰ったことになるのだ。そんなことに気づきもせず、誰かに注意されることもなく眠ったまま人工的な境界を一〇も超えることもある。言葉の境界、共同体、州や国の境界、自然の境界、民族や種族の境界。それらを超えても何の煩わしさも、不利益も妨害も生じない。税関の会計ではじめて境界と言うものを知る。その時学校で見た国を表すくっきりと境界づけられた地図をはじめて思い出すのだ。

種族、言語、宗教、憲法などで国を分けることは決してできない。こうした境界は幹の傷が癒えて消えるように、生活する中で繰り返し乗り越えられる。税関のくっきりと口を開けた境界だけが癒えることがないのだ。人類に与えられた傷は化膿し続け、新たに作られる法律が繰り返し引き裂いて行く。

実際の国境を越えながら税関をまだ越えていない時、私たちが教科書の地図帳で知っているその国の姿は次第にぼやけてくる。経験がそれを矯正し真実の姿に近づけてくれる。それどころか多くの場合、触れ合った水滴のように国々は溶け合う。政治的な争いに時を費やすには人生は楽しすぎると思っている人にとって、青色か黄色か、はたまた緑色の国に住んでいるのかもはや分からなくなることはよくあることだ。こうしたことは関税連合によって結びつけられた諸国の中ですでに起こっている。ドイツやスイス、北アメリカの合衆国ではどうだろう？　いったい国や州や県の境界を多少でも自然な形で引くことが出来るドイツ人やスイス人、アメリカ人がいるだろうか？ 何が、もしくは誰が国境や州境を越えたことを教えてくれるだろう？ 税関職員に見張られていなければ、足を上げ、頭をかがめ、左右に注意しながら境界をまたぐことなどない。境界は九九％の人間にとって何の意味も持っていない。

戦争が始まった時、スイスの新聞が国家を識別するのは本来何かと熱心に問いかけた。民族の自然な特徴は答えにならなかった。それどころか国を表す最高のものであるはずの憲法もこの問いの答えにはならなかった。多くの国の憲法は他の国のものを単に書き写したものであり、外国の書店経由で入手したものをそのまま自国のものとしたことが良く知られていたからだ。今日もなお国を識別できるただ一つのものは、関税の境界、税率、税関の旗、税関職員の制服なのだ。税関というものは国に焼印を押すわけでもないのに国境を閉ざしてしまうのだ。

世界自由貿易の導入によって関税の境界が廃止されれば国境は厳格さを失う。国境は単なる行政上の境界となり、鋼や鉄ではなく、花咲く畔が作り出す田舎の集落の目印のようになるだろう。そうなれば多かれ少なかれ国々は互いに混じり合い、国境がどこにあろうがどうでもいいことになる。企業家や旅行者、商人にとって国境が問題になるのは関税だけだ。自分の国を小さすぎるように見せて健全に発展できる気持ちを愛国者から奪い、人々を不安にさせるのも関税による国境だ。地球を私のもの、あなたのものとばらばらにしてしまうのは他でもない関税なのだ。名誉欲だけから帝国主義者となった数少ない偏屈者たちに帝国主義者としての倫理観を高めるのは関税なのだ。現在の関税もそうだが、これからの関税は窮地にある全ての工場主を帝国主義者、合併主義者へと必ず変えてしまう。というのも将来関税が国家間を遮断して製品の販売や原料の購入が困難になる可能性があるのだとしたら、企業家たちは出来る限り関税領域を広めておこうと考えるに違いないからだ。地球全体での商戦が出来なくなるや陣地の奪い合いが始まるのだ。

全ての民族を自然なかたちで一つにしようとする全てのものを、関税の境界は力づくで無効にしてしまう。関税の分割する力には、その他のすべてが束になっても敵わない。自由で正常な人間であれば地球は自分のものであり、全人類のものだと考えるだろう。たとえどんなに大きなものであっても、限定されてしまっては満足できないものだ。自然な境界はすべて尊重しよう、しかし関税の境界は跡形もなく消し去らなければならない。太陽の周りにはるかな弧を描く地球は、すべての人間にとって幸福な場所であるのだ。

戦争は関税がもたらす避けられない答えだ。関税自身が戦争の理由なのだ。そして自由貿易こそが平和の前提だ。自由貿易、世界自由貿易によってのみすべての民族が煩わされることなく固有な暮らしを送り、平和な競争の中で発展することを保証してくれる。言語、風習、宗教、歴史的伝承といった民族が大切にしているものを脅かす、すべての外的な暴力から守るのは自由貿易だけなのだ。雹から窓を守ろうとするなら窓を開けるだけでいい。自分の国で煩わされずに生きようとするなら、世界貿易への門を開けるのだ。

ロシア皇帝の時代にハーグの会議で武器の武装解除の代わりに経済的な武装解除である自由貿易を提案していたとしたらどうだっただろう？ 彼はいまでもまだあの無類の堅固さを持った王座に座ってなかっただろうか？

ウィルソンは和平プログラムの第三条で、世界自由貿易を条件付きで「出来る限り」求めている。条件付けがなければこの条項はそれ自体一つの完全な和平プログラムだった。なぜなら本当は世界自由貿易は平和を継続するためのすべての要求を含んでいるからだ。世界自由貿易を導入すれば、あらゆる普遍的な人類の権利の頂上に平和と国の擁護を据え、そして平和、自由、民主主義、海の安全、小国の擁護と言った、その他すべてを含むことが出来るのだ。第三条の可能性を十分に理解できていれば、ウィルソンはそう表現できたことだろう。おそらく彼は理解していただろうが自由貿易を不可能なもの、少なくともすぐには実現出来ないものと考えていたのだろう。

現在世界自由貿易を不可能にしているものが、世界平和のためにならいまでもまだ道を空けてくれるかどうか確かめてみても良いだろう〈小さな国や他宗教の内で生きる民族〈ユダヤ民族〉を守ることも、自由貿易の観点から見れば単純な問題となる。海と自由に繋がれば良い。自由貿易から目を背けてしまえば、こうしたことは残虐さや権力によってしか解くことの出来ないゴルディウスの結び目〈訳註 アレクサンダー大王が剣で切った結び目。転じて難題〉のようになってしまう。このことは来たるべき和平会議で分かるだろう。たとえばポーランドに海への出入りを与えようとすれば、ライン地方の谷の住人はある人にとっての権利は他の人にとっても正当だという法則によってアルプスに登る要求をするだろう。そしてポーランドに海への出入りを与えるのであれば〈ダンツィヒ〉、すでに所有しているオーストリア〈トリエステ〉からどうしてこの経路を奪うことができるだろう。こうした矛盾は数えきれない。人類の侵しがたい財産として人間の普遍的な権利にまで高められた世界自由貿易とその華やかな宣言によって、それぞれの民族と人民は、いやすべての人間、放浪するすべてのジプシーが、海への制限されない出入りを祝うのだ）。

自由貿易への道

関税と結びついた個人的な利益の他に、貨幣の慣習的な取扱いが自由貿易の道の前に立ちはだかっている。まずこの個人的利益をどのように扱うべきか手短に述べて、わたしの主要テーマである通貨の自由貿易的な取り扱いに向かおうと思う。

良い木だけが良い実を結ぶことが出来るということには誰もが同意できるだろう。自然で正しい物事の道を塞ぐものはすべてそのことだけですでに悪であり、退けるべきものと見なされなくてはならない。そのため自由貿易を阻むすべての個人的利益は、ただちに不自然なものとみなされなくてはらないと主張できるだろう。民族と人間の自由と自立を、公正さを測る普遍的な物差しと見なすことができるように、わたしたちの経済構造の中で何が正しく何が間違っているのか、何が公正で何が不正なのか、何が善で何が悪なのかを自由貿易が示してくれる。関税によって繁栄するもの、関税が必要とするものはすべて朽ちなくてはならない。関税を擁護するために作られたすべての命題も、そもそも疑いの目で見られなくてはならない。

しかしこうしたことも自由貿易にそれほど利するものではない。まず個人的利益が自由貿易の道を幅いっぱい強力に塞ぐ。どうすれば最も早くその道を平和裏に整えることができるだろう。ここに二つの道が開かれている。ひとつは関税と結びついた個人的利益と政治的に戦い、合法的に道を空けさせるという関税に関心のある者たちが自由貿易を仕留めたやり方だ。しかし我々は個人的利益を買い取ることで弁済することも出来る。

通常最短でもっともコストのかからない方法は、たいていの場合どの国でも弁済となるだろう。弁済することで関税法の最も強靭な信奉者たちをあっというまに自由貿易の推進者に変えることが出来る。自由貿易から個人的な不利益を受けると考えている人は、当然ながら自由貿易に関するどんな説明にも耳を貸そうとしないことを忘れてはならない。固定資産を売却した人もまた、保護関税論的に考えて投票で関税政策に投票する。同じ人が後にその富で工業株を購入すると、その日のうちに保護関税論者が自由貿易論者に鞍替えする。そして彼がもし半分だけ工業株を買ったとしたら両者の間を揺れ動く。出来もしないことをしようとするのでなく真剣に理想を実現しようとするなら、自由貿易主義者はこの事実を無視してはならない。

自由貿易に対する地主の反対意見を抑えるために、関税を買い取れと真面目に言ったら奇妙に聞こえるだろう。そもそも費用も必要だ。しかし世界自由貿易と人民の平和を真剣に願うなら、コストがかかるからと言って尻込みしてはいられない。関税がどれだけの犠牲を伴うかは戦争で体験済だ。戦争のために消費された内のわずかの部分だけで、世界自由貿易の道を邪魔するすべての個人的利益をきれいさっぱりどけることが出来るだろう。関税の廃止によって民衆に負担がかかるだろうか？ 関税があるために商品価格に上乗せして払おうが税金と言う形で支払おうが、計算上は全く同じで人々にかかる新たな負担はないのだ。

関税と言うものがいかに早く一国すべての経済的利益全体と解きがたくもつれるかを知らない者だけが、この関税の廃止の提案を奇妙に思うのかもしれない。関税の導入によって多くの不正が生まれた様に、その廃止によって多くの新たな不正を防げるだろう。関税によって地代が上昇すれば抵当権とともに農地の価格も上がる。そのため慎重な後見人が被後見人の財産を預けている多くの抵当証券には、今日税率表が現実的な保証として記載されている。関税の信用は対物信用となってしまった！ そもそも弱小農民は、自分の購入した農地の価格が何に基づいているのか知っているのだろうか？ 自分が支払ったほとんどが資本化された関税なのだということをこの農民は知っているだろうか？　彼は何も知らない。彼が知っているのは隣人が同じような農地にいくら支払ったのか、懸命に働いて抵当権の利子を納めることが出来るように、隣人が家計をまかなっていることだけなのだ。関税の事についても関税を廃止する可能性についても農民は考えない。経験が彼の考えの基本であり、関税を含めたこの根本的な部分は変えることが出来ないと信じる彼は、隣人が支払うのと同じ抵当税を支払おうとするのだ。

　こうした場合でも関税が廃止できることを理解してもらう事は不可能ではないだろう。しかしそのことは関税に守られて利益を得ているすべての人々に対しても同様なのだ。たとえばある国でいわゆる保護関税のお蔭でとある産業が成長したとする。この関税のおかげで安価な生産物を高い価格で課税地域に送ることが出来る。温室で育てた植物をそのまま屋外に置かないように、そのような保護関税を簡単に取り払って世界の競争の厳しい空気の中に工場主を置くようなことは許されない。関税と共に温室栽培が追求されたのだ。企業家たちは理解してかしないでか、生産に不向きな地域であっても国家の利益のために自分の金も人の金も誘われるままに税で暖められた温室に入れたのだ。彼らは自由経済に反対する為に、遅まきながらよりよく理解した公の利益というものを犠牲にするのだろうか？　そうしたとしても驚くにはあたらない。自由貿易に対する反対はあらゆる手段と絶望から育った勇気によって高まるのだ。これでは我々には敵を破る希望がほとんどない。お金はしばしば「金てこ」の役目をする。自由貿易のためにこれを使わない手はない。自由貿易の導入に反対するのは直接利益にあずかっている企業家だけだ、と言うことを誰も信じようとしない。自由貿易が企業家に休業を強いることが分かった途端、そこで働く労働者も関連する商人や職人も、要するにすべての取り巻きが強力な保護関税主義者となる。

敵が退くために金でできた橋を架けよ

個別には論文で述べることにして、ここでは全般的なことを述べる。関税経済から自由貿易へ移り変わる過程で個人的利益が被害をこうむるのは、すべてのものに一様にかかる一般税ではなく、個別の税、国民経済で個別の産業を「擁護」もしくは推進しようとする固有の特権が問題となるときなのだ。「擁護」や特権は既得権者や関税に守られているものが自分の商品を税法に定められた価格で売ることを可能にし、自分の産業のために買い入れるものについては無課税、もしくは「擁護された」価格で支払うことを可能にするためにあるのだ。保護関税は例外事項であるべきだ。一般化された途端こうした擁護はその効果を失う。関税を五〇％に引き上げた多くの国では、いかなる産業も育つことが出来ない。全体の特権というものがありえないということは、その言葉の中にすでにあらわされている。それ故そのような国では、自由貿易への移行は企業家にとって新たに何の不利な結果ももたらさず、いかなる損失の原因ともならない。正反対だ。企業家たちは「保護関税」の撤廃によって不適切な税率のために低価格となっていた商品が、世界市場競争に向かう追い風となってくれるのを驚きをもって眺めることだろう（この税率は通常の税率に加えて、工場主の利潤に対するのと同等の税を商人にも課税するためである）。

関税に守られた人々の損害が埋め合わされることが分かり、あらかじめ準備が出来ている以上に大きな財政的な手術が必要なわけではないことが理解された時、税経済から自由貿易への移行ははじめて可能となる。関税に守られた人々がそれまで商品の価格を吊り上げてきたのと同様のことを、今度は国が税金という形で税関の損害を埋め合わせるのだ。関税撤廃と損害補償額のためにあらたな財源を開拓する必要のある国家のみが、財政出動を余儀なくされる。しかしそのことに苦労はないだろう。国民の納税力は関税からの解放と共に成長するはずだからだ。

一般税は企業家にとって利点がなく、一般税から自由貿易への移行は誰にも損害を与えない、という先に述べた主張にはひとつの留保が必要かもしれない。自由貿易への移行が企業家にとって損害がないのは、関税の廃止が商品の全般的な価格を下げないという場合に限る。もし関税経済が商品の全般的な価格を二〇％引き上げ、自由貿易への移行によって商品価格が再び同じだけ下がったとしたら、全ての企業家、商人、職人、農民の資産から二〇％が帳消しとなってしまう一方で、為替、債務、抵当、債券といった負債は、そのままの額で決算に回されなくてはならない。無数の企業家を倒産の危機に曝し、残りの企業家の信用を疑わせるためには、これで十分だろう。最初の「祝福」が倒産であるような政策に企業家が同意出来るだろうか？　自由貿易への移行経済が持つこうした問題は、満足のいく形で解決されなくてはならない。さもなければ、企業家や商人や農民を、自由貿易へと向かわせることは決してできないだろう。

本来通貨の問題であるこうした問題がいかに解決されるかを、このあと自由貿易に対立する通貨問題との関係の中で示す。

自由貿易への移行によって全世界が販路となり、全く違った方法で分業の利点を利用することが出来るという意味で、企業家にとって有利でもあるのだ。

保護関税政策と通貨の関係

金本位制が行き着いた先と、その後まもなく国による保護や関税を求める企業家層の声が国中で上がったという奇妙な現象に一般の意識を最初に向けたのは、実に複本位主義者（エミール・ラブレーの貨幣と複本位主義参照）だった（金本位制を最初に導入したイギリスだけが例外だった。イギリスの産業が果たした偉大な先駆性が通貨不足から救ったのだ。イギリスでも金本位制への移行で、一時期顕著な好景気に入った）。ドイツでもフランスでも、アメリカ合衆国でも同様だった。いかに矛盾して聞こえようが、世界自由貿易のために考案された金本位制の凱旋行列は、保護関税理論と並んで進んだのだった。

複本位主義者はこの現象をおよそ次のように説明する。複本位の廃止によって貨幣鋳造は銀の総額分減少した。当時偶然にも金の発掘が同時に減少した（世界の金生産量は一八七〇年が一九五・〇二六kg、一八七五年が一七三・九〇四kg、一八八〇年が一七二・四一四kg、一八八五年が一五四・九五九kgだった。一八八六年から一八七〇年の年平均では貨幣金属〈金と銀〉の生産量は三九億一九〇〇万マルク、銀の除外の後では、金の生産は続く五年の平均では一八七五年‐一八八〇年‐一八八五年‐二四億二六〇〇万マルク、二四億五〇〇〇万マルク、二一億六二〇〇万マルクだった〈ドイツ帝国統計年鑑〉）。貨幣数量説によれば全般的な商品価格が下がるはずだった。つまり価格の後退が貨幣の流通速度と貨幣の代償物の使用に遡及することで、影響がより強く感じられるはずだった。しかし商品の価格は貨幣の量や貨幣の代償物の使用によるのと同様、その流通速度によっても変化するのだ。そしてここにこそ金属貨幣が持つひとつの不幸な随伴現象がある。貨幣の量が不十分な時、その流通速度は人々が望むように速くなるのではなく反対に弱るのだ。この同じ流通速度が反対に速度を上げ、そこで行われている取引の構造にとっての限界に至ると、新しい貨幣が大量に投入されて（もしくはその他の理由で）価格はすぐに引き寄せられる（好景気の時代すべての貨幣準備は解き放たれた）。商品価格が下がれば商人の信用は揺らぎ、貨幣不足と流通速度の低下をまかなうために大量の貨幣代償物（信用証書）が発行される時代に再び戻るのだ（イルヴィンク・フィッシャー博士 貨幣の購買力 ベルリン一九一六年 クリステン 貨幣の貨幣数量説八五ページ参照 自由経済出版）。

複本位主義者は経済学者の統計的研究や主要な点において一致した結果を示すその他の研究を商品の全般的な価格後退が生じた証拠として引き合いに出した。ここで私は今日もなお驚かされる債務者層に影響する事実だけ上げておく。一八七〇年（金本位制以前）から一八八五年の一五年にも満たない間に、ドイツの穀物価格は二四〇マルクから一五〇マルクに下がったのだ。

この暴落によって農民たちは、その大小にかかわらず抵当権の利子を支払うことが出来なくなってしまった。利子が収穫をどんどん飲み込んでいった。一五セントナーの利子が最後には二四セントナーになった。農民はいつも抵当権の負債をかかえていた。相続法のためにすべての農地が質入れされた。そのため「農業の危機」は誰もが口にする苦言となり、最も影響力の大きい最大の危機となった。

しかしその他の収入状況も決して良いものではなかった。日々のパンのために二四ではなく一五だけ支払えば良いと言っても、自分が作ったものをますます安くしなくてはならなかった。一定の段階までは相互作用で帳消しになる。企業の負債も一緒に下がるのであれば、商品価格が上がろうが下がろうが誰にとってもどちらでも同じことだ。しかしそうではなかった。債権者は誰もが自分の証書に固執していた。価格の交代を顧慮する債権者はいなかったし、逆のケースである債務者も返済の総額で全般的な価格上昇（貨幣の価値の喪失、もしくは購買力の低下）の総額を補おうという考えには一度も至ることがなかった。商品価格の後退に伴いすべての企業家、商人、職人の負債が膨らんで行った。資産は名目には現れなくても、財産目録上でますます低くなって行った。商品や生産機械の価格も低下した。「慢性的な相場の下落」によって資産の相当の部分が年ごとに帳消しになった。この慢性的な相場の下落は一八七三年から一八九〇年まで続いた。この年ごとの減価を合計すると一八九〇年と一八七三年の価格の差に多少の差こそあれ対応している。良い基盤を持った企業家をも倒産に追いやるにはこれで十分だ。負債の負担が複利や遅滞利子によって増えるまでもなくそれだけで十分だ（全般的な相場の下落が負債者階級の支払い能力に与えた影響は、つぎのことから推し量ることが出来る。資本利子が五％の時、ドイツ全体で換金されるすべて〈住宅、工場、船舶、鉄道、倉庫、家畜、田畑、鉱山、森林等々〉は二〇年毎に手形振出人の勘定台を渡り歩き、商品〈その生産と販売によって負債者は利子のための金を作り出さなくてはならなかった〉価格が一〇〇％下落した時にはそれが一〇年に縮まった。こうした価格の下落は、負債者の支払い能力に対して、五％から六％への利子の上昇と全く同じ直接的な効果を持っている）。

全般的な商品価格が後退することで純粋な財産に損失が生じたうえに、企業家や商人には休業が加わる。売れ行き悪化のために生産手段を十分に稼働させられず、そうした時期に労働者の解雇もしくは労働時間の縮小が必ず行われる。売れ行きが悪ければ支払いが規則的に滞り、多くの負債者が破産する。そのため債権（資産）の過剰な遺失を防ぐため、企業家や商人は上昇した歩合の利率（相場の下落で膨らんだ）を支払保証料によって帳消しにしなくてはならない。

それは暴利から保護する特別な法律がドイツで発布された時代だった。

こうした中で債務者（企業家層）が助けを求める叫び声を上げ、そばだてた耳をつんざいたとしても不思議なことだろうか？　この叫びは規則的な赤字と戦う財務大臣をも刺激した。

助けを求めるこの叫びに応えて、複本位主義者は変革を要求した。彼らによればわれわれが金による鋳造に銀による鋳造を加えれば（一方この難しい時期、金の採掘は後退し、逆に銀の採掘は絶え間なく伸びていた。それは次の通りである。一八六五年　一一〇万一一五〇kg、一八七〇年　一三三万九〇八五kg、一八七五年　一九六万九四二五kg、一八八〇年　二四五万二五二一kg、一八八五年　二八〇万八四〇〇kg。複本位制を採用していたとしたら、一八七三年から一八九〇年にかけて起こった世界的な相場の下落は防ぐことが出来ただろう）。価格は再び上昇し、起業家精神は再び目を覚まし、資産は再び増加する。資産と負債のバランスは至る所、国家予算においても再び建てなおされるだろう。しかし複本位主義者たちの意見は浸透しなかった。当時の人々は商品価格の全般的な性質の変更を、貨幣のサイドから検討することに慣れていなかった。それどころか「金本位制」「確かな価値をもった貨幣」などという言い回しで考えを主張してきた多くの企業家たちは、価格変動のすべては必ず商品市場の動向に起因していることを今でもまだ理解していないのだ。貨幣はかれらにとって、いまなお動的なものではなく静的なものにすぎないのだ〈クリステン博士　通貨、利子そして賃金〈ドイツ統計年鑑一九七〇年　七二頁〉参照。また「完全な通貨の実施」〈ドイツ統計年鑑一九一七年 七四二頁参照〉。いずれも自由経済出版)。ジャガイモ価格の下落の原因を豊作とするのと同じように商品価格の後退も説明される。生産活動が極度に向上した結果、全般的な商品の過剰供給が起こったのだろう。供給の過剰から価格が下落する。

人々はそのように判断したが、金本位制の熱烈な信奉者たち（貨幣をただ静的なものとして見ることしか知らない者は、誰もが数々の物質的特質を兼ね備えた光り輝く黄金こそが、考えうる限り最高の貨幣なのだとみなしているに違いないのだ）はこうした判断を正さなければならないとは思わなかった。そうしたことはあまり人気のない複本位主義者に任せていた。と言うのも国民全体でみれば複本位主義者たちの人気は大きくなく、背後に農業主義的で後ろ向きの保守政治と言ったものがついているように感じられたからなのだ。金本位主義者たちは消極的になることで自分自身のための、いや少なくとも彼らの目標と理想の、世界自由貿易のための墓を掘ったのだ。これほど重要な科学的かつ実用的に意義のある問いかけに対して、消極的に振る舞っておいて罰を受けないはずはない。

危機の原因を過剰生産、つまりは商品の側に見ようとする主張から、外国との競争に対抗して阻止関税もしくは保護関税を要求しようという主張まではもう一歩だ。問題を商品サイドの面だけからしか見ない人は、誰でも必然的に保護関税論に陥る。間違っているわけではない。前に挙げた前提から見れば保護関税論は正しい。その立場からすれば全て論理的で、当然需要と供給が価格を決定するのだ。供給が多くなれば価格が下がる。このことは毎年観察することが出来る。一方は乾燥地帯に育つ果物、もう一方はたっぷりの雨を好むものがあるのだ。いま産業と農業のために至る所で相応しい時期に雨が降れば、それは正しい者にも不正な者の上にも落ち、市場は商品で溢れかえる。その上海外からは新しい船荷が届く。インドやアルゼンチンから膨大な穀物が、アメリカからは素晴らしい商品の輸送が知らされる。

すでに差し迫って低くなった価格は、供給に圧迫されて更に下がる。何をすべきか? 農業と産業が財政的に乗り切るために何かをしなくてはならない。供給を減らさなくてはならない、一面的なものの見方をする人たち、つまりは全員が言う。どうやって供給を減らすのだろう? 我々の田畑を休耕地にしてインドやアルゼンチン、ロシアの穀物のために市場を空けるべきか? そんなことは誰もしないだろう。阻止関税だ。我が国の商品のための我が国の市場を確保するために、これこそが当然の答えだ。「やはり問題を一度貨幣のサイドから見るべきだ」とおそるおそる敢えて提案を試みるものはみな笑い飛ばされる。増大する商品の供給に対して、貨幣の供給を増大させたとしたらどうなるだろう? しかし「商品コストの低下」がすべての商品の利益につながったとしたら、貨幣の生産コストにとっても利益につながったとしたらどうだろう? そうなれば商品生産が二倍になっても何倍になっても価格は下がらない。そうすれば誰も過剰生産を恐れる必要がなくなる。すると販売は確保され、いつでも会計上取引が可能になる。資産が増える。大きさや重さだけでなく原簿上でも増えるのだ。そうすれば債務者は利子を支払うことが出来、返済のためにも余剰が残る。そしてインドやロシアやアルゼンチンの穀物の輸入は、もはや不幸なものではなく、反対にこうした船荷を祝福として歓迎することになる。そして世界のすべての商品をこれほど豊かに用意してくれる自由貿易を誰もが祝う。

大体、このように複本位主義者は表現する。彼らに与えられる答えはこんな言い回しだった。「愛と通貨問題ほど世界で笑いものにされるものはない」

このようにして所謂保護関税がドイツやフランスやアメリカ合衆国で生まれた。自由貿易主義的金本位制が阻止出来なかった商品価格の後退が、阻止関税と保護関税に道を拓いた。自由貿易主義的金本位制がなければ阻止関税政策は生まれなかった、と言うことができる。こうして金本位制は、自らの目的に反するものを成立させたのだ。

保護関税論はそのうえ、重大な通貨政策の正当な勝利を助けることになった。インドは銀本位制に留まり、その他の通貨地域から締め出された銀はインドに販路を求めた。インドでは商品価格（銀で表現される）が高騰した。価格低下がヨーロッパ農業にとって負担となったように、インドの農業にとってこのことは大きな負担軽減を意味した。この財政的成果がインド人をなんとも骨の折れる仕事に駆り立てた。収穫と輸出は伸びた。ヨーロッパの金の価格が低かったとしても、金の販売でインドが得るプレミアムが、この計算ミスを再び帳消しにしてくれた。このプレミアムは一八七〇年以来途絶えることなく、一九〇〇年以前に一〇〇％を達成し、小麦はドイツ国内で二四〇マルク（金建て）から一五〇マルク（金建て）に下落したのに対して、インドでは二四〇から三〇〇（銀建て）に上昇した。

銀建ての金の価格は、次の通り。一八七〇年 一五‐五五、一八八〇年 一七‐八一、一八九〇年 二一‐一六、一九〇〇年 三三‐五四（ドイツ統計年鑑）。

アルゼンチンでは同様の状況ながら、小麦の生産と輸出をより際立って押し上げていた。一八八七年から一八九三年にかけて紙幣の発行によって金のプレミアムに二〇〇％という状態を生み出した。

（一〇〇ペソの金の紙幣での価格は次の通り。一八八五年 一〇〇、一八八七年 一二〇、一八九〇年 三〇〇、一九〇〇年 二二七）。このため農民たちは、ヨーロッパでの小麦の代金一金タラーでアルゼンチンで三紙幣タラーを得た。彼らはこれを抵当債券、関税、借地料、輸送費その他の法的な支払いに充てた。こうして農民は、数年の内に借金から解放された。彼らは今も競争力を持っている。プレミアムは生産物の金価格の低下に対する緩衝材として働いたのである。

農場主が議会で行った（金本位制を擁護しない者に反対する）この事態の報告は、自由貿易を水に投げ込むことに大いに力を貸した。

保護貿易の効果が出始めたのと同じ時期に、世界の金生産量を数年で倍増し、三倍にもした巨大な金鉱がアフリカで発見されたことは、自由貿易論に関する実りある論評と保護貿易論にとって計り知れない不幸だった。一八九〇年に一二三億七〇〇〇万マルクだったのが一八九五年には三四億二〇〇〇万マルク、一九〇〇年には五四億マルク、一九〇五年には六七億六一〇〇万マルクとなった。この金の生産は、関税が果たしたものとは桁違いに全般的な商品価格を押し上げた。金の生産は国際的な価格相場を引き上げる。この偶然がなした国際的な商品価格の上昇なしには、保護関税を採る国々の輸出産業は保護関税によって上昇した地代の支払いを支えきれなかったことだろう。関税の負担のために賃金を上げざるを得なかった（そうしなければ労働者が流出しただろう）ドイツの輸出産業は、この負担のために海外価格に対応できなかっただろう。なぜなら、彼らは保護貿易の祝福には浴していなかったイギリスの産業と競争しなくてはならなかったからだ。しかしここで金鉱がイギリスを含めた世界の価格を引き上げ、ドイツの輸出貿易は関税に煩わされていた商品価格を、金鉱によって上昇した海外商品価格との競争に立ち向かうことが出来たのだった。同時にこの価格上昇で商品需要は至る所で強まり、すべての産業諸国の力をあわせてもこの需要を賄いきれないほどだった。このことは世界的に企業意欲を煽ることとなった。自由貿易主義者が予言したように保護関税が自分の保護している者たちを絞殺しなかったのは、金鉱という単なる偶然のお蔭である。ドイツの産業はアメリカ合衆国のように関税のお蔭ではなく、「関税にも拘らず」強力な力を発揮した。商品価格が至る所で税法を超えて上昇したことをこの事実が証している。

こうした多様に異なる要素が集まって陥った保護貿易国の虚偽を大衆に暴くのは容易ではない。そのためには本位制の問題をより幅広い支持の元、公に扱わなくてはならない。何かを考える前に自分の目を信頼することだ。関税の事は目に入っても、本位制の影響については頭で考えるだけだ。考えることを鍛えなくてはならない。即物的な判断のため、本当に必要な大量の事実を人々に告げ知らせ、理解されなくてはならない。そうでなければ人々は、幾千の見せかけの矛盾によって繰り返し不確かな判断しか持てない。そのような例として、例えばアメリカとドイツの輸出量がイギリスを凌駕したと言う事実に、保護貿易のドイツが自由貿易のイギリスを追い越した、と保護関税に関する自分たちの理論のために何の躊躇《ためら》いもなく書き添えた。ここではドイツにはほぼ二倍、アメリカにはほぼ三倍の労働力がいることを忘れている。そしてもう一つ、とても大切なことを忘れている、と言うよりきっと口を閉ざしたのだろう。しかし矛盾を解こうとするなら、自由貿易主義者は全てを語らなくてはならない。

なぜイギリスの輸出は全く伸びないか、もしくは比較的わずかしか伸びなかったのか？　それは労働者の数が減少し、年金生活者の数が増えたからなのだ。消費者は生産者の数を犠牲にして増えたのだ。外国製品を輸入するためには、アメリカやドイツのように槌と鶴嘴で生産したものを船荷で支払わなくてはならない。ところがイギリスでは利札を切って支払う。これがイギリスからの輸出が減少した理由なのだ。

イギリスでひとりの年金生活者が一〇〇〇ポンドの収入を消費することは、一〇〇〇ポンドの商品が輸出できないことを意味する。樽や梱俵や箱を準備する代わりに、イギリスではこうした商品を自分たちで食い尽くすのだ。原材料を「満足できる」高級な輸出品に替えるドイツやアメリカのプロレタリアに利札を切るはさみと必要な材料をプレゼントすれば、いかに輸出が減少するかを即座に目にすることが出来るだろう。イギリスではすべての年金生活者が暮らせる「理想的な状態」はまだ出来ていない。しかし輸出が減少し輸入が絶え間なく増加しながら絶えずプラスの国際収支にあることは、自由貿易のお蔭であるか、あるいは自由貿易にも拘らず不断にこの理想の状態に近づいていることを示している。輸出が増えれば多くの年金生活者が再びハンマーを取ることになり、イギリスの福祉が減少することが推測される。おそらく戦争による資本の荒廃がいま始まろうとしている。新しいイギリスの保護貿易政策によって崩壊することもあるかもしれない。そうなれば再び保護貿易論者が勝利を叫ぶだろう。見ろ、保護貿易のお蔭でイギリスの輸出は改善したぞ！

イギリスの諺によれば「パイは食べたいがなくなるのはいやだ」。我々のテーマで言うなら「年金生活者としてスポーツを楽しみながら輸出する鉄も生産する」とでも言うのだろう。しかしこれは不可能だ。イギリス人年金生活者はスコットランドの半分を公園へと様変わりさせた。自分たちの年金の心配なしに農業を遊び半分で営なむ。年金は海外からやってくる。豚ではなく、狩りのためにアメリカから取り寄せた狐を飼う。自由貿易で豊かになった企業家の息子たちは、もう綿花の相場表を勉強しなくて良いのだ。船の帰り荷はどこにあるのだろう？　経済の目的は正に達成されたのだ。

自由貿易に対する賛否を語ろうか？　あらゆる保護貿易論者たちが答えるだろう。彼らは関税によって年金を増やすことが出来るとまだ期待している。スポーツをして暮らし、貿易量を国の貧困さの証として軽蔑して見下げることができると。

このくらいにしておいた方がいいだろう。少しは困惑させることが出来ただろう。そして自由貿易か保護貿易かという問題を判断するために、本位制に対してこれまでより一層深い注意を向けることが出来ただろう。

自由貿易の前提としてのガリレオ的、あるいは動的な通貨の完全な安定

コペルニクスは地球が太陽のまわりを周っていることを発見した。しかし自由に宇宙空間に漂う天体、という考えまでは浮かばなかった。地球は堅固な面の上を動くものだ、と彼は思った。ガリレオが地球をこの鎖から解き放ち、宇宙へと投げた。そしてそれぞれが自分なりに、この事実と折り合いをつけた。

新時代の出来事は一連の理論家（ハンブルクの銀行頭取ベンディクソン、エッセンのアルフレッド・シュミード博士、ベルンのE・ケレンベルガー博士、ストラスブルクのクナップ博士、ニュルンベ

ルグのO・ハイン博士、フライブルグのリーフマン教授など）により、金ではなく通貨の完全な安定のように商品の平均価格の周りを紙幣通貨が旋回する、という考えを生み出した。しかし自ら唯名論者と名乗るこれらの理論家たちもまだ物質に囚われている。紙幣通貨がその上を旋回するために堅固な物質的地平（金為替と金基幹本位制）を必要としている。以下で概要を示す通貨の完全な安定はこの最後の鎖をも退ける。通貨の完全な安定は太陽の周りを旋回する地球のようにいかなる具体的な商品に結びつくことなく、自由に商品の平均価格というガリレオ的本位制の周りを旋回する。

保護貿易の勝利の歴史は全般的な価格後退に対抗する完全保護という問題を自由貿易主義者に突き付けた。このことによって国による保護である保護関税を招くからである。自由貿易主義者は負債を抱えた企業に対して、アフリカでの金鉱発見以前に体験したように価格後退に対する必要な補償を与えることが出来ないのであれば、その理想のための戦いから恐れずに退けば良い。彼らが何を言ってもすべて無駄なのだ。

価格後退の可能性への恐れから、世界自由貿易はいつも祝福を受けることがない。債務はひとつの現実であり、自由貿易はひとつの希望なのだ。

自由貿易の問題はなによりもまず通貨問題である。我々はこの通貨問題を解決しなくてはならない。そうすれば世界自由貿易を邪魔する、その他の障害も取り除くことに着手できる。通貨問題は金本位制と分けることが出来ない。金本位制に執着するものは世界自由貿易を諦めなくてはならない。金生産の統計、つまり偶然に通貨が頼る状況は、安定した通貨に反したものを生み出す。

ここで助けになるのは動的な本位制だけである。それは行為であり通貨管理局によってのみ左右されるため、自由貿易経済上、必要となればいつでも発行することが出来る。このような動的な通貨として思い浮かべることが出来るのは、原則に基づく管理の元に厳密に刻印された紙幣通貨だけだろう。

戦争の勃発は金本位制をすぐに突き崩した。金本位制に対する最初の厳しい衝撃は国営銀行紙幣が法的な交換手段とされ、紙幣通貨理論が初めて法的な承認を得た一九一一年にすでに起こった。償還義務の廃止により一九一四年八月一日紙幣通貨は金との繋がりを絶ち、ドイツの紙幣通貨ははじめて独り立ちすることとなった。しかしこの実情は公的にはまだ認められていない。新しく刷り上がった紙幣にも、国営銀行が所持者に対して提示すれば〇〇マルクを支払うと書かれていた。しかしそれが苦し紛れの刻印であり、中身のない言葉であり、むしろ国営銀行の権利が紙幣保有者の権利に優先することを強調していることをみな分かっていた。国営銀行はもはや支払いを行わないということなのだ。交換手段という本来の方法で、国営銀行の紙幣通貨で商品を買う人が貨幣に求めるのはそれだけなのだ。それが出来ないのであればなぜまだ支払いを約束するのか？　国営銀行はその約束に線を引いて取り消すことが出来るのだ。そうしたからと言って商品を売るのに差し出された国営銀行紙幣を突き返す者はいないだろう。国営銀行紙幣が合法的な購買手段でありそれに代わる他の通貨がないということだけで、その流通能力を保証するには十分すぎるほどだろう。特別に償還する必要などないのだ。なぜなら商品を生産し市場に持ち込む限り通貨はやはり必要なのだ。紙幣を償還することはその破棄を意味する。紙幣は永遠に必要なのになぜ人々に破棄する事を約束する必要があるだろう？　銀行紙幣にとって「破棄の約束」よりもっと大事なのは、貨幣の目的に適うよう秩序ある管理を約束することである。秩序立った貨幣管理とはいつでも貨幣で商品を買うことが出来ること、恒常的に堅持される平均価格の保証である。商品の平均価格は堅持されなくてはならない。国が所有者に対して紙幣に刻む約束はそれだけで良い。国立銀行が紙幣を独占しているのだから、不幸な状況にあってもたとえ戦時下であっても、しようとしさえすればこの約束を守ることが出来るはずだ。商品の平均価格が下落するたびに彼らは貨幣を生産して発行することが出来る。商品の平均価格が上昇すれば、反対に貨幣を回収して焼却することが出来るのだ。それ以上することはない。自分たちはどんな商品も保管する必要はない。九九％の国民にとってすべての商品の中でもっとも重要でない金銀でさえも、僅かなりとも保管する必要はない。個別の商品の価格について気にする必要もない。国立銀行は統計局が調査した平均価格だけを貨幣需要の尺度として使うのだ。どのようにこの価格を調査するかについては、今日もはや誰も何の疑問も挟まない。この疑問はこの問題を真剣にとらえたすべての人たちにとって既判力となっている。平均価格をどんな状況においても堅持する通貨の完全な安定は、今日可能性の問題ではなく意志の問題となっている。

商品平均価格の統計上の調査方法についてはまだ改善の余地はある。しかしこの要点は、通貨の運用が商品価格に向けられない限り事実上意味をもたない。最悪の統計上の価格調査であってもないよりはましなのだ。

統計上の方法が取引の要求に十分適っているかどうかは、債務者と債権者に任せよう。彼らが金本位制よりも公的な責任のある統計局によって行われる本位制の基盤で自分たちの信用業務の取引をするのであれば、統計的な手段が今日の取引の要求に叶っているということなのだ。「完全」本位制の偏差は計測可能なのか、ということについて専門家には意見の違いがある一方で、金本位制のもとでは囚われのない目で見た商品の平均価格が一〇‐五〇‐一〇〇％の間を動くことを関係者に言えばどうだろう。金の上に書かれた為替と債務証書にサインするのは賭博師だけだろう。

通貨の完全な安定は金本位制がもたらしたあらゆるものから我々を自由にしてくれる。景気の変動に対して完全な保証を与えてくれる。個々の商品の価格の揺れを消費に基づく自然な理由に限定し、通貨を直接人々の管理の元に置く。マルクドイツ国有通貨と言う名は、時と共に記憶に刻み込まれる商品価格によって、誰もが知る堅固で偉大な業績となるだろう。こうして商人たちも最高に効力のある公のコントロール下におかれることになる。現在の状態では商品価格が絶えず大きく揺れ動くため、誰も1マルクがどれだけのものかを知ることが出来ない。

金本位制の元ではある時金は過剰となりまたある時金は不足した。通貨の完全な安定では極めて鋭利に日々の要望に応えるようになる。金の過剰は好景気を生み、いわゆる定給を受ける人、年金生活者、抵当権と債務の債権者たちに損害を与えた。労働者たちは何度もストライキをして、値上がりした商品価格に見合う給料を要求しなくてはならなかった。通貨の完全な安定によって平均価格は保たれる。金本位制で貨幣過剰から貨幣不足に変わると不況が生まれ、危機、失業、被害、債務者の倒産、国家予算の赤字等々よく知られた随伴現象が生まれた。通貨の完全な安定では貨幣不足は決して生じない。金本位制は偶然本位制である。金鉱の発見が頼りであり、それがいかに不規則であるかは歴史が物語っている。中世の間ほぼ何も発見されなかった。そのことが中世が貨幣も、取引も、分業が持つ強大な利点もなしに過ごさなくてはならなかったことの理由である。金本位制が教えたように、我々の要求の高さを維持するように金鉱が発見されるという保証は全くない。通貨の完全な安定では、取引が偶然に支配されることはない。

市場に貨幣を供給する不規則性のために取引はいつも危険な冒険であり、そのため誰もお金をつぎ込もうとしない。そうして高い利子でリスクを保証するようになり、商品交換は高価なものとなった。通貨の完全な安定ではこの特別なリスクが消え、取引資本も低い金利で十分となり、競争原理にも満足に対応できる。

利率が商品価格と共に上下することは周知の事実である。不況（下落）には低い利率が、好景気には高い利率が伴う。利率の高さによって確定利付証券の相場が定められる。利率の変化に二〇‐

二五を掛けたものが確定利付証券の相場に反映する。もし利率がこれまでの一〇年間の見事な躍進を繰り返すようであれば、取引所が戦争公債のために負担するこの差異は嘘のような額になる。通貨に何の秩序ももたらすことが出来ないようであればそうなるだろう。通貨の完全な安定によって商品価格と利率は堅持される。そのため債券相場ももはや乱高下を起こすことはない。要するに通貨の完全な安定に期待できる利点が多すぎて、拒む困難な理由を持ち出す必要がなくなるのだ。実際一般的な国民経済的観点からは通貨の完全な安定にいかなる反対も考えられない。個人経済的観点から貨幣のような公の事柄について顧慮すべきでない。こうした個人経済的な利益は、他人の個人的な利益から奪うことでしか見込めないからだ。通貨の完全な安定は中立にすべての個人利益の上に立つ。

そこで通貨を国の直接監督下に置き、いかなる偶然にも係わらないようにするために下記の事を提案する。

（1）貨幣の監督は新たに創設される通貨局に移管される。某銀行の紙幣独占権を停止する。

（2）この通貨局は貨幣需要を測る指標として、統計局が継時的に調査する商品平均価格を用いる。

（3）通貨局は修正された貨幣数量説に基づいて、商品価格が上昇傾向にある間そのたびに貨幣を回収し、反対に商品価格が下方に向かう傾向を持つときにはその間これを供給する。

（4）貨幣需要の観測にあたって、通貨局は国庫、銀行、利率からの要望に対するいかなる斟酌も断じて禁じられる。また通貨局は決して銀行業務を行ってはならない。
（5）商品平均価格の調査方法として、統計局はいわゆる指標法（このことは決して、この方法が他の方法より優れているという判断を示すものではない。ひとつの手法を決定するために多用されている方法を挙げただけにすぎない）を規定する。
（6）通貨局は国債を競売方式で買戻すことで交付の必要な紙幣を流通させる。この国債は当局の手で焼却される。
（7）過剰な紙幣は国債を競売で販売することで回収する。そのため（6）で述べた国債の一部は保存する。
（8）通貨局は紙幣の更新を取り仕切る。
（9）業務上の利益と損失は国に移譲される。
（10）通貨局はその使命を完遂するために利益も損失も顧慮しない。

このような通貨政策のための通貨はどのようなものであるべきだろうか？

通貨局では貨幣需要を推し量るために異なる二つの尺度を持つことは出来ない。安定した商品価格に合わせて貨幣を交付するのか、それとも外国為替相場に合わせるのかを決断しなくてはならない。国内取引の重要性から我々は安定した商品価格を望む。安定した外国為替相場も一致できる範囲で望む。商品平均価格を安定させることが出来るのは通貨局の行動だけなのだ。

この目的と安定した外国為替相場との一致は、関係国との一致があって初めて可能となる。貿易関係国が同じ原理に基づく通貨政策を行っていれば、外国為替相場の安定は保たれる。外国為替相場に関して積極的な通貨政策と呼べるようなものは、これまで何一つ行われてこなかった。それでも外国為替相場が金輸送点の間でのみ変動するのであれば、それは外国為替を左右する商品、つまり金が容易に、そして大きな費用もかからずに一つの国から他の国へと輸送されるからである。外国為替を利用できなければ、外国為替を購入するはずだった金を荷造りして代わりに発送することになる。こうしたことの結果、貿易や国際収支の負債のために金を輸出することになった国の商品価格は国際的な基準以下に下がり、貿易や国際収支は再びその国に見合うように自動的に逆転したのだ。つまり管理する代わりに自動制御されたのだ。精神で貫く代わりに機械が登場する。貨幣を荷造りし発送したら自動制御が働く。しかし事前に起こることはない。最大の障害が生じた後、つまり相対的な貨幣の過剰により商品価格が金輸出の必要な水準変位の限界に至った時行動に入るのだ。

我々はこの自動制御を知恵によって導かれた取引に変えようと思う。世界貿易に加わる国々は国際収支の変動要因がないように自国の通貨も平均価格に安定させる。国際貿易関係はより大きな堅実さをもつだろう。ここで当時行われた一〇億フランの輸入（そして再輸出）がドイツの敵国やその他の国々の国際収支に影響を与えたことを思い出す。こうした歴史は通貨の完全な安定では二度と繰り返されることがないだろう。国際収支が支払収支になりその影響が通貨に跳ね返ってくる前に、通貨局は関連諸国に介入する。

商品輸出が過剰な国では貨幣を発行することで価格を上昇させる。商品輸入が過剰な国では貨幣を回収して価格を下げる。つまり金本位制では現在poat festum（後になって）、ひとりでに現れるもの――金の輸出入が、ここでは貨幣の回収と発行という同様な手段によって相応しいタイミングで予防策として人為的に導入される。金の輸出は通貨にとっては貨幣の回収と効果的には変わらない。そして金の輸入は貨幣の発行と同じだ。銀行券発行銀行が輸出に際して発行する一マルク或いは一ドルに対して法的に三マルク紙幣を回収しなくてはならない（三分の一補償）。現在輸出のために金が求められ、つまり貨幣の過剰が悪い影響をすでに果たしてから初めて銀行券発行銀行が介入するのに対して、通貨局は予防的に行うところに違いがあるのだ。

それぞれの国が通貨局の管理原則に合意すれば国際通貨局の設立は近い。国際通貨局は外国為替相場の変動を監視し、その原因を探り、各国の貨幣管理に貨幣流通の増加と減少のみによって、外国為替の差異を解消するために相応しいと思われる方策を勧告する。いずれ各国の通貨局がこの国際通貨局へと集結して、古くからの夢である世界通貨を実現しようという提案もきっと生まれるだろう。硬貨ではそうした提案は実行が難しい。紙幣に基づいた通貨の完全な安定の性質の中には、こうした提案の実現に道を阻むものは存在しない。こうして通貨の完全な安定は外国為替相場の完全な堅固さとひとつになる。

紙幣通貨の保有者に約束されるのは実体（金）ではなく通貨の完全な安定のみとなるため、いわゆる資金準備（金準備）もすべて不要となる。通貨の完全な安定は静的にでなく動的に理解しなくてはならない。これは一つの行動である。物質ではなく物質の性格も持たない管理産物なのだ。鉄道株の資金準備が線路の鉄ではなく線路の上で繰り広げられる貨物の行き来であるのと同じように、貨幣の機能や商品交換のダイナミズムが国が発行した紙幣通貨の資金準備としての役割を果たす。商品の取引がなければ貨幣も内容を欠くのと同じように、この行き来なくして株式は空っぽなのだ。同じ理由から紙幣通貨の確かさも国で売られる商品の中に見ることが出来る。商品が売られている間だけ貨幣は保証される。このことを戦争が我々に十分はっきり見せつけてくれた。いかに多くの人々が今日思っているだろう。何度も言われた銀行券発行銀行の金塊のかわりに商品さえあったら！

店が空っぽなのに銀行券の所有者にとって硬貨の準備が何の意味を持つだろう？　紙幣通貨の性質と通貨の完全な安定を理解したものは、三分の一であってもその特別に資金準備をすることを拒むだろう。まさにこのアンタッチャブルな三分の一資金準備は理論上はすでに以前から、実際上ももはや無意味と見なされている。資金保証のアンタッチャブルな部分は積極的な通貨政策をもたず、通貨に金準備の自動的な機能を期待する場合に限って意味を持っていた。その機能を果たさないアンタッチャブルな三分の一資金保証には意味がない。手にすることの出来ない、月に埋蔵されている金を資金保証にしても同じことだ。アンタッチャブルな資金保証を操作できるものと考えられないだろうか？ ちなみにこれまで誰一人として、このアンタッチャブルな金の納得できる存在理由を発見したものはいない。

外国為替相場が平価からあれほど低くさがりうることを、三分の一資金保証が防ぐことが出来なかった。このことを理論的に見抜くことは出来ないことを、またもや戦争が我々すべてに示してくれた。三分の一資金保証はアンタッチャブルなのであれば効果がなく不要なものである。銀行券償還のためにこれまで役目をはたしてきた金の保証の一部は、その利点を国債もしくは外国為替にとって代られること、さらに言えば積極的な通貨政策によって不要となることが望ましいのである。

紙幣通貨への「信頼」を保つために三分の一資金準備が必要である、と言う古い信仰はおとぎ話に過ぎない。実際は公の貨幣管理にとって国民の信頼も不信もどうでもよいに違いない。貨幣専売はどんな時代でも無限の力を持つ。貨幣局が自らの貨幣以外の流通を許さないのであれば、商品の生産者にとって国の貨幣を受け取るかあるいは自分の商品を再び家に持って帰るかの選択しかない。持ち帰らなければ自然に帰るだけだ。

貨幣を信じないからと言って収穫を腐らせる農夫はいない。紙幣が合法的な支払い手段だという説明でさえ商品交換には余計なことだ。貨幣同士の戦いではいつも国の貨幣が勝利する。つまり不信が大きいほど簡単に勝利する。いわゆるグレシャムの法則がこの独特なパワーゲームを説明してくれる。

　通貨を動的なもの管理産物と見なすものは、三分の一資金準備という余分なものを必要としない。今日主張されているように金本位制の再導入は不可能ではない。金本位制も積極的な通貨政策から免れるものではない。金本位制は同じ鋳貨率を保つことを要求しない。我々は貨幣を水増ししたり、またその反対にすることも出来る。現在我々は、一キロあたり二七九〇マルクで計算している。しかし一キロを四・八・一万マルクとすることも出来る。こうしたことは金本位制自体を妨げるものではない。我々は戦時価格を保つことが出来る範囲で、水増しすることが出来る。こうした原則でこれからも管理できるだろう。金本位制に留まろうとするのに戦時価格を逆行させる必要はない。当時のウッドロウ・ウィルソン教授（現在のウィルソン大統領）の提案によれば、通貨の完全な安定をある段階まで金本位制と結びつけることが出来る。ウィルソンは、商品価格が上昇してドル紙幣の金価値を下げたらこれを高めよう、価格が下がればこれを下げようと主張する。この方法で通貨の完全な安定を実現できることは、だれも否定しないだろう。ここでも商品の平均価格がドル紙幣の発行量を決めることで、実際的にも理論的にも我々の提案と結果として同じになる。ウィルソン教授は、実際には通貨をまだ完全には動的に捉えることが出来ない。彼はまだ物質に囚われている。そうでなければドルと金の完全な分離を求めただろう。

　価格を戦争前の状態に戻すことは絶対に不可能である。同じようにこの逆行をどのような速度で行うかという提案があるが、この提案は実行不可能だ。商品価格を再び逆行させる試みには戦争以上の費用がかかる。

ある人が自分の馬やキャベツや木綿を戦時価格で売却した売り上げで戦時国債を購入し、今それを売って馬や木綿を平和時の価格で買い戻すことが出来るとしたら、つまりは以前の半額か三分の一で買うことが出来たとしたら、大きな不正に即座に気づくだろう。そうでなくても全般的な価格後退は経済危機と同じ意味を持つ。旧来の価格をそのままにできなければそのことについて語るべきでないし、そのことで脅すべきでもない。誰もが準備できるようにここでオープンに誠実に言おう。われわれの金本位制は完全に終わったのだ。

断念することで世界から孤立するとは言えない。実際はその反対だ。金本位制の破綻によって人々は今日みな通貨に関して孤立している。たとえばスイスのように金本位制に留まり、いかなる国とももはや確かな通貨関係にない国がその最たるものだ。その反対にドイツで通貨の完全な安定を導入すれば、通貨を導入しようとする諸国がグループとなれるような結晶の核として「確かな地点」を作り出すことが出来る。ドイツで通貨の完全な安定を行うならば、海外で一マルク為替を買う者は誰でも自分が何を持っているのか知っていることになる。マルクが保証することを知っている。まず第一に市場で商品に対して保証する。反対に金本位制に戻るならマルク為替は外国人に対して何も語らない。商品に対して半分の価格を支払えばよいのか、二倍支払わなくてはならないのかわからない。

通貨の完全な安定は本来の貨幣管理の出発点として取引や農業、産業や国の財政の要望にもっとも相応しい価格状態を選択することが出来る。もし農民や職人や労働者が講和条約終結後、たとえば彼らの生産物を現在の戦時価格とし続けるなら、高くなった賃金で税の支払いを続けることが出来る。そして労働者たちは新築の収益限界にまで高くなった家賃を支払うことが出来る。こうして債務者となった住居所有者は抵当権義務と税負担を履行することが出来る。絡み合った支払いの往来は中断することはない。

フル操業に戻った国民経済はこうして新たな戦争税を担うことが可能となり、国は戦時国債を含めてその義務に対応出来るようになる。一方で完全に見通しのきかない五〇もしくは九〇％低い金本位制状態とそれに連動した経済危機による商品価格の後退は、人々の税支払能力を転覆させ、支払のやりとりを中断し、戦時国債の無制限な利息支払いを不可能なところにまで押しやるだろう。

和平審議において将来外国為替相場を固定するように協調せざるを得ないだろう。このことは通貨の完全な安定によってのみ可能だ。通貨の完全な安定を採用することでほとんどの国が保護政策へと向かう必要がなくなるため、同じ和平審議において世界自由貿易問題、すなわち経済和平問題に答えを出すことが出来るだろう。

これまで通貨問題に対して意見を表明してきた財務大臣の意図に従って進めなくてはならないの

であれば、自由貿易論者は希望を捨てなくてはならない。新たに債務者層の強烈な悲鳴を覚悟しなくてはならない。それと共に当然国家による保護、保護関税の古い要求の繰り返しを覚悟しなくてはならない。ブダペストのセレニー大臣、レーデルン伯爵、シッファー、デルンブルク、ベルリンのエルツベルガー、パリのクロッツ、などなどはインフレーションの模範的な「静かな解体」、つまり戦争前の状態への商品価格のゆっくりとした後退を表明した！これまでたくさん見てきたように、どこからもまともな反対が出ることはなかった！

ハンガリーの貿易相セレニー 一九一七年八月二八日「資金の肥大を止めることが我々の最初の使命だろう。価格を荒廃させないように、資本をひきあげることは段階的にのみ可能である」

国会での国の書記官レーデルン伯爵 一九一八年七月二一日「最終的な議論に際して考慮しなくてはならない可能性には、……貨幣インフレーションの静かな縮小も含まれています。この貨幣インフレーションの結果価格帯の上昇を生み、すべての中流、特に定給を受けている方たちが最も被害をこうむります」

パリのクロッツ財務大臣 一九一八年七月二一日 すべての取引の価格、俸給、契約、債券はフランス通貨の状況にかかっている。

この大臣は、戦争を行った国々のたっぷり一〇〇～五〇〇％にも上るかもしれないインフレを、静かに、つまり一〇～五〇年かけて毎年一〇％ずつ引き下げて行こうと言うのである。

そのため企業家、商人、職人、農民は五〇年の間、毎年黒字の一〇％を赤字のために口座から差し引かれることになるだろう。インフレが解消するのだ！　何もせずにお金を銀行に預けておいた方が、家を建てたり、農地を耕したり、工場を建てたりして働くよりも多く稼ぐことが出来ることを、すべての資本家、商人、農民、企業家は知るだろう。お金を持ったすべての人にとって、何もしないことが五〇年の間最も確実で最も収益の上がる事業となり、五〇年の間に家を建てる人の資本を崩すことになるのだ！　向こう五〇年の間建築業者はこう言うだろう。来年建築費はインフレの縮小で一〇％下がる。そして五〇年の間、工事は放っておかれるだろう。インフレの解体が終わるまで、債務者の資本が余すところなく債権者へ渡されるまで。

しかしその時は永遠にやってこない。かつて何度もほとんどの国が試みられたインフレの解体は、幸運に恵まれたことがなかった。インフレの解体を実行しようとする力は、いつもかならず抹殺されるのだ。しかし試みは繰り返されなくてはならないし、この試みも繰り返されるだろう。なぜなら民衆の多くがこうした関係を理解しないからだ。定給を受けている者たち、賃金労働者たちはいまなお、高く高騰する価格を生活水準の向上、下落する価格を生活水準の低下だと取り違えているのだ。

プロレタリアートの彼らは、国民経済の関連性を実際に知る機会がないのだ。インフレの解体には生活費が下がるという利点がある。しかしそれは給与の減少や失業によって購われるのだということを人々は危機から学ぶしかないのだ。

どのように見えようがこの理論はいまだに「グレー」過ぎる。その正しさを新しい試みで試そうとしているのだ。いいだろう、さあ！　たぶん今回は奇跡が起こってラインの水が山に登ることだろう。

このような状況の中でどうすれば自由貿易を求めて「関税国境よ永遠に消え去れ！」と世界が叫ぶようになるかは当面謎のままである。自由貿易主義者はまずため息をついた後で、民衆に国民経済と通貨問題のＡＢＣを教えることに全力を注ぐこと以外何もすることはない。

ドイツ貿易契約協会に対してここで提案したい。まず公開質問で以下の事を確認したい。会員たちがインフレに対してどのような態度を取るのか、また同時に次の問いへの最良の答え。自由貿易主義者は意図されたインフレ解体から何を望むべきだろうか？

この重要な問いを貿易政策的、個人経済的、国民経済的、また権利や国庫の観点から総合的に扱った文献が、私の知る限りドイツには欠けている。そうした書物（恐らく全集）の発行は次の、最重要で追随を許さない尊い目標への階段として、ドイツ通商条約協会が奨励し推し進めるべきである。

国際通貨同盟

動的、もしくはガリレオ的な通貨の意義をもっとも確信している友人たちも長くこう考えてきた。最も良心的な各方面からの通貨行政指導のもとであっても、通貨の完全な安定の鋭利に刻まれた基本原則から厳格に観察すれば、通貨のわずかな揺らぎは避けようがない、と。金本位制がいくらか荒っぽい形で提供していたような、自動裁定（異なる場所で行われる購入と販売の機会の中で最もふさわしいものを決定する）が欠如していたのだ。

国際通貨紙幣で自動的な裁定が行われる提案を以下でする。ここで期待できる仕事の完全さは金本位制の自動性に勝っている。この方法が特に優れていると思われる点は、すべての国で何の留保もなく、つまり契約なしにこの国際通貨同盟に加入することが可能であることである。

諸事実

（1）五フラン貨幣は、戦前、ラテン通貨同盟諸国で自由に流通していた。他の国へも自由に持ち出すことが出来、これらの国々の他の貨幣と法的に同じ貨幣価値（額面価格）の購買力が認められ、殆どの場合実際に額面価格で流通していた。

（2）五フラン貨幣は信用通貨だった。長期に渡り五〇％だけその銀の含有量で「カバー」していたにすぎない。銀含有量の二倍の買い物が出来、そのためその貨幣二枚で一枚の純粋な信用貨幣と見なされた。貨幣を溶かせば半分を失った。最終的に誰がこの貨幣に責任を持つのだろう？もちろんこの五フラン貨幣に描かれた、退位させられ、追放された今は亡き領主ではない。契約が国際的な信用を与えていた。

（3）自由に移動できたことで（（1）参照）全般的な商品価格状態の国際水準器の役目、自動裁定の役目を果たした。
（4）賃借対照表はこの自動裁定がコントロールした。
（5）例えばA国で貨幣の流通（量、もしくは流通速度）を増大した場合、B国やC国といった他の同盟国の貨幣流通に対して不均衡が生ずる。するとA国の商品価格がB国やC国の価格相場よりも上昇する。このことでB国やC国からA国への商品の輸入が促進され、反対にA国からの輸出は抑制されることで貸借対照表では負債となる。その結果五フラン貨幣を輸出することで差引残高を調整した。
（6）A国からB国やC国へ五フラン貨幣を輸出することでA国の商品価格が抑えられるのと同時に、B国とC国の価格が上昇した。ここで注意すべきことは五フラン貨幣が正貨準備として機能し、銀行券発行銀行にもとめた五フラン貨幣の輸出が大抵の場合二倍高い価値を結果として持つこととなり、つまり二倍の働きをしたことだ。この五フラン貨幣の輸出は商品のバランス、輸出入のバランス、賃借対照表のバランスがとれるまで続いた。
（7）A国で五フラン貨幣を完全に駆逐するところまで紙幣の増刷が抑えられたため、支払清算の差引残高を五フラン貨幣の輸出では調整することが出来なくなった。自動裁定は終了しプレミアム〈両替差額＝ある貨幣の価格〈為替相場〉がその額面価格を超える総額〉が取って代わった。

（8）A国でプレミアムをなくそうと紙幣を回収した。すると商品価格は後退し、商品輸入は減少し、輸出が増えて賃借対照表の負債が資産になった。するとかつて兌換銀行券の発行を駆り立てた五フラン貨幣が再び流入し、すべてのバランスが取れるまで今度は逆の事が起った。商品価格は水の高さが流れによって自動的にバランスをとる連通管のシステム（55頁図を参照）と同じように、五フラン貨幣によって互いに結びついていた。

（9）貨幣同盟のすべての国で紙幣を発行する際、（7）（8）で述べたような警戒サインが出た場合、通貨の変動は銀貨のやりとりによるコストの範囲内に抑えられなくてはならなかった。

（10）通貨相場の安定性は通貨同盟内での流通の国際化によってもたらされたのではなく、限定された量の貨幣に国際的な有効性を与えたことによる。

（通貨同盟の意義と目的はもちろん別のものだった。同盟の創設者たちは銀貨が信用通貨になるとは思っていなかっただろう。ラテン通貨同盟の創設者たちは契約の中に解散条項を入れることを忘れなかった。そのため各国による自由な銀貨鋳造が禁止された後、自分たちの貨幣を引き揚げ溶解したのだった。人類は偶然のおかげでこの最初の国際信用通貨、およびそのことによる啓蒙を得たのだった）

結論

（1）上述したパワーゲームは貨幣数量説と完全に一致していて、この理論の正しさをも証明している。

（2）五フラン硬貨は銀の含有量によってではなく、貨幣として機能したのだから、このパワーゲームは銀の五フラン硬貨の代わりに紙でできたものを使っても何も変わらないことが明らかになった。国際的な契約によって保証された特権が国際的な貨幣にしてくれたのだ。

（3）関係諸国の監視のもとに目的のために必要な量だけ五フランほどの一種類だけを発行することで、この国際的な貨幣は今回の五フラン硬貨のように至る所自由に流出入し、あらゆる場所で自動的に商品の輸出入を規則づけ、自動裁定として通貨と為替相場を調整する。

（4）この五フラン銀行券が異常に流入する場合、その国の銀行券の流通が少なすぎることを意味している。

（5）国際銀行券の完全な流出とそれに続くプレミアムの登場は、プレミアムが消え去り国際銀行券が再び流入するまで貨幣市場から強力に排水しなくてはならないという緊急信号なのだ。

（6）反対に国際銀行券の強力な流入は、流通している自国通貨が少なすぎることの証明である。これはあらゆる国々で自国の過剰な通貨によって、国際銀行券が締め出されたということを理解しようとしないことによる。このことは通貨問題であって為替問題と取り違えてはならない。

国際通貨同盟のためのプログラム

（1）国際通貨同盟に加盟しようとする諸国でＩＶＡを統一通貨として導入する。

（2）この新しい統一通貨（ＩＶＡ）は静的なもの（物質）ではなく動的なもの（行為）であり、絶え間ない取引や通貨政策の産物であり、そのため通貨政策によってのみ正しい規模を保つ。

（3）ＩＶＡ諸国における通貨政策は完全なＩＶＡ本位制におかれる。

（4）通貨の完全な安定のために必要な統計上の作業は統一的原則に従ってなされ、特別に設けられた国際統計事務所で常時比較検証される。

（5）通貨の完全な安定に向けられた積極的な通貨政策は貨幣数量説に基づく。つまり貨幣供給の増減によって全般的な価格相場をその出発点に戻すことが出来るという認識に基づいている。そこから離れようとするたびにどんな状況にあっても、たとえ戦時中であってもそれは可能である。

（6）貨幣はＩＶＡ諸国においてそれぞれの自国通貨としてとどまるものの、すべての関係、いかなる発展段階に対しても有効な統一的で健全な原則によって管理される。

（7）上述した統一的な国際通貨政策により、貿易収支の不均衡やそこから生じる通貨の変動を避けることが出来る。

（8）しかしより小範囲における（収穫変動のように）様々な原因を持つ貿易収支の不均衡は取り除くことができない。

(9)こうした影響が通貨に働きかけることを完全に排除するために、無条件で流出入することができ、国有貨幣と平価の合法的な購買力を持つ、IVA諸国が連帯して保証する特別の国際通貨紙幣が作成される。

(10)このIVA通貨紙幣は加盟するすべての国の監視の元IVA管理局の中心部で発行され、作成および管理費用の償還に対する以外無償で配布される。

(11)この通貨紙幣の量はもっぱら正規の目的によって決められるが、その国の紙幣の流通量の二〇%程度で十分である。

(12)IVA管理局ベルンは配布された通貨紙幣に対して手形を振り出す。ある国で誤った通貨政策による貿易収支がいつまでも負債に留まるとその紙幣が支払期限を迎える。そして通貨紙幣が完全に限界を超えて駆逐されプレミアムが登場する。この日から支払期限を迎えた交換にも利子が加算される。

(13)為替券は目的に応じて発行され、特に小規模の取引で求められるような額で発行される。そのため過不足な状況を直ち知ることが可能となり、その国の通貨政策を公な管理下に置くことになる。その国の紙幣を少額単位にすることでこのことに代えることは出来ない。

(14)IVA諸国にとって自国貨幣に対して通貨紙幣がつねに平価で流通するために、すべて必要なことを行うことが自らの利益のために必要である。

(15) このことは、通貨紙幣が絶え間なく流入する際には自国通貨の流通を増加させ、また反対に通貨紙幣が流出する時に自国通貨を回収することで可能になる。

(16) 通貨紙幣の利益のために行われるこの国際通貨政策が持続的に広範囲にわたって通貨の完全な安定の促進との不一致へと向かう場合（（3）参照）、国際統計事務所（（4）参照）に指導された調査によってその現象の原因が突き止められ、すべてのＩＶＡ諸国に悪状況を解消するために必要な指示が与えられる。

(17) 通貨紙幣の輸出入の費用がその額面相場に影響を与えないためにこれらの費用は中央が負担する。

(18) 管理費用についてはＩＶＡ各国の人口に応じて（その比率で）分担する。

(19) 国際通貨同盟には当然ながらヨーロッパ以外であってもすべての国が参加することができる。そのためには条件の（1）と通貨の完全な安定（（3）参照）の原則に従ったその国の通貨政策の実行で十分である。

(20) 国際通貨同盟からの脱会もまた（12）にある為替の償還によりいつでも可能である。

(21) 国際通貨同盟の解散はＩＶＡ管理局が署名した為替の回収と同様に、導入されたＩＶＡ紙幣の処分によって行われる。

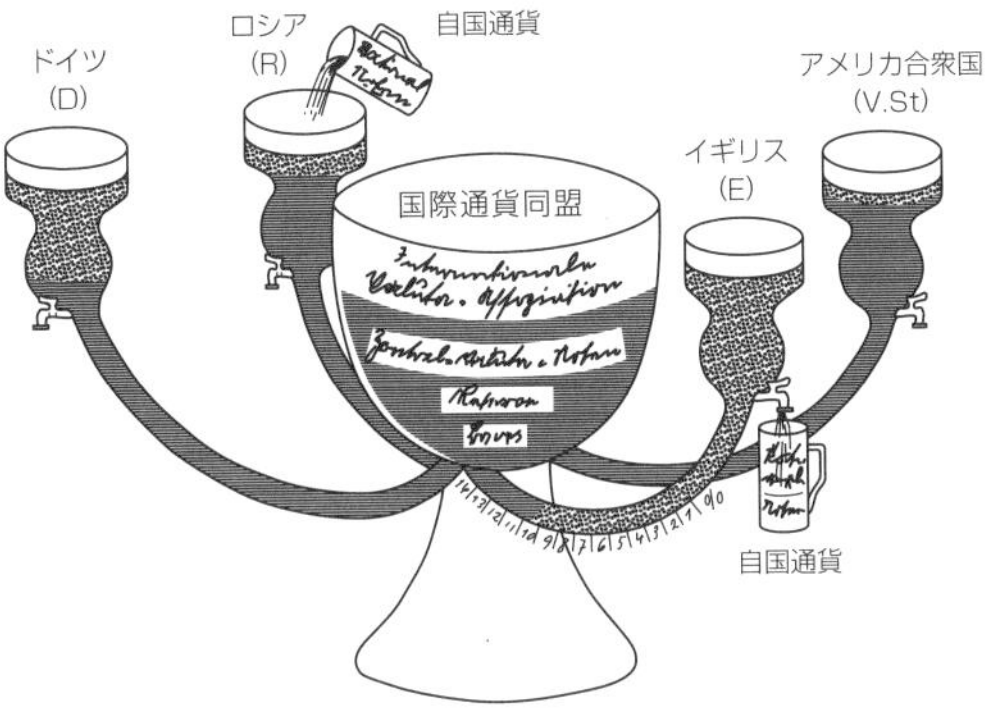

「エヴァ」紙幣を用いた各国商品価格の安定化

国際通貨同盟から送られる国際通貨「エヴァ」紙幣に対して、
各国が自国通貨（点描部分）を流出入させることで調整する

我々のイメージの説明

流れによって水の高さが自動的にバランスをとる連通管のシステムのように、自国通貨がＩＶＡ国際通貨紙幣と連携する国では、商品の全般的な価格水準はすべて同じ高さに留まる。不均衡が起こるたびに各国が自国の通貨を完全な安定へと向かわせる限りにおいて均衡へと向かう。

ある国が通貨の完全な安定の原則に反して国際通貨紙幣の輸出入の警戒信号に十分な注意を怠った場合、この国が通貨紙幣の洪水に見舞われたり（V. St）、その国から完全に駆逐される（Ｅ）こともありえる。国際通貨紙幣が溢れれば、通貨紙幣の利子は下がってその国の不利益になる。国際通貨紙幣を完全に駆逐すれば後にプレミアムが現れ、その国の取引に無視できない影響を好ましくない形で与える。

図Ｄは通常の状態を示している。流入する国際通貨紙幣を受け取る下の膨らみは半分充ちている。まだ受け入れることができるが放出することもできる。

図Rは反対にこの膨らみが溢れている。自国通貨を大量に投入することで、この過剰は直に解消する。反対に、実際に起きているように、自国通貨の回収（放出蛇口参照）による国際通貨の揺り戻しによってプレミアムが早急に解消される（図E参照）。

ドイツ通貨局

——創設のための経済的、政治的、財政的準備

国民集会に対する請願

この書への導入として、自由地‐自由貨幣協会が一九一九年の春、当時ワイマールで行われた国民集会で行った請願とそれに付随する覚書をここに採録する。

通貨の完全な安定によって保証される貨幣の購買力

ワイマール国民集会に向けて

自由地‐自由貨幣協会はこの覚書をもって、国民集会に対して災難をこれ以上広げることなく、今日完全に混乱に至った通貨状況を即座に正常化することを求める。

我々の要求は、次の通りである。

(1) 国の通貨に対する監督は商工会議所、農業会議所、さらに労働組合の検閲下に置かれるドイツ通貨局に移譲する。

(2) この通貨局は貨幣需要を測る尺度として、商工会議所から常時送られる商品の平均価格を用いる。この調査は需要と供給の間のバランスを示すものとして、私たちが求める「通貨の完全な安定」の基礎を作る。

（3）商品価格が上昇傾向にある間、通貨局は貨幣数量説に準じて貨幣を回収し、商品価格が下落を示す間は逆に貨幣を供給する。
（4）通貨局は、貨幣需要の観測に当たって国庫や銀行、国立銀行からの要望、また利率に対して配慮することは厳しく禁じられる。またドイツ通貨局は、決して個人的な関係のある銀行業務を行ってはならない。
（5）商品の平均価格は統計局から示されるいわゆる物価指数法に基づいて調査する。
（6）ドイツ通貨局は、国債を買戻すことによって発行する紙幣の量を増加させる。この国債は国立債務管理局が焼却する。
（7）過剰な紙幣の回収は国債を売却することで行う。そのため（6）で述べた国債の内の一部は、保管される。
（8）ドイツ通貨局は紙幣の更新にあたる。
（9）業務による利益と損失は国へ移譲される。
（10）ドイツ通貨局は、その使命の完遂にあたって利益も損失も顧慮しない。
（11）現在大規模に蓄積され、通貨にとって早晩脅威となる銀行券を回収するために当面の間は、（7）で述べられた方法を目指さなくてもよいものとする。そのかわり特別の通貨公債が発行される。貯蓄財を強制的に駆り立てる目的で、現在の銀行券と一回限りの特別の貨幣税を課した銀行券との交換が行われる。

(12) 覚書で挙げた提案のように、国際的な金本位制の崩壊によって緊急の課題となった為替の秩序を導入するために、国際通貨会議招集に必要な準備を行う。

この国の崩壊の責任者を名指すとすれば、第一にそれは国立銀行である。通貨を揺るがす者は国民経済と国の基礎を揺るがす。国民経済は通貨の上に構築されている。給与、賃金、信用貸し、債権者の(幾千億もの)資本、それらすべては通貨の上に成立し通貨と共に崩れる。一つの国民を混乱させ堕落させようとするなら、通貨に手を出せば良い。そして戦争の第一日目から国立銀行はそれを行ったのだ。銀行券の大量発行によって、戦時にあった国民に誤魔化しの富と繁栄が与えられた。銀行券の発行によって生じた全般的な価格上昇によって、ほとんどすべての国有資産に変化が生じた。財は債権者の手から奪われ彼らの債務者のものとなり、突然の収入増と様々な贅沢を生んだ。戦争による儲けは国立銀行が与えた全般的な活況の結果である。そのような価格上昇とそれに伴う高騰は、銀行券を使っていつでも好きな状況の中で行うことが出来る。

この価格の追立ては、立ち向かう気持ちを脆くし、その影響は今もなお失われていない。給与所得者の不満足、労働者のストライキは国立銀行が行った価格上昇の結果である。国立銀行の政策は、つまるところいまだにどこかで出没し、根絶されることなく繰り返し銀行員の頭の中をめぐる金に対する妄想に基づいている。戦前、国立銀行の割引政策が金相場を考慮するだけで商品価格には一度も目を向けることがなかったのと同様の事が、戦争の勃発後、国立銀行資産が封鎖された後にも見られる。現在三七〇億の過剰な貨幣が市場に出回っていることの理由を、国立銀行は商品価格ではなく（そもそも商品価格統計を行っていない）違法に少ない金準備に見ようとしているのだ。われわれが差し押さえによって、金でできたあらゆる装飾品に再び三分の一補償を完全に実施したとすれば、国立銀行は我々の通貨に対する考え方をもはや全く非難できなくなるだろう。ドイツに金鉱山があれば、国立銀行は炭鉱や農場からかき集めた労働者を使って金を採掘して、銀行券大量発行のために欠かすことの出来ないいわゆる三分の一補償を確保しようとするだろう。戦争中に金貨を追求した時と同じような態度で臨むことだろう。多くの幻想が砕け散った今、最も古くて最も危険な幻想を葬り去る時が来たのだ。

我々は国立銀行の代わりに完全に独立したドイツ通貨局を創設し、どんな時も、たとえ戦時にあっても導きの星として機能する銀行券発行のための、全く新しい基準を設ける。そしてそれが出来るのは、覚書で述べた通貨の完全な安定だけなのだ。

敬意を表して

ベルリン　一九一九年四月一〇日

国民集会に対する請願についての覚書

すでに戦争が勃発する以前に、金本位制の理論は崩壊の淵に晒されるほど批判されていた。もし金本位制に取って代わるべきものが分かっていれば、実際に崩壊していただろう。

戦争は金本位制を破壊しておきながら、我々にとにかく何とかして取引するよう強いた。そして新聞の声は、既に何度も通貨法を正すようを求めていた。注目すべきことに国立銀行は、金本位制を擁護するための言葉を持たなかった。

「通貨は自ら保証するものを指す」と金本位制の代表的な代弁者であるバンベルガーがドイツでの就任に際して語った。彼は大きな反駁に合うことも無くこう説くことが出来た。金《きん》が備えている特質のお蔭で、ドイツ通貨マルクが保証される。そしてオットー・アーレントはそれに輪をかけて、ドイツ通貨マルクは純金五〇kgの何々分の一以外のものではないと主張した。

今日我々はこうした言葉を否定する。もし誰かが「価値学説」のかの素晴らしい妄想の件りを真面目に科学的に立証しようとしたら、きっと笑われることだろう。

そして、よく生き残ったと言わざるを得ないこの学説の第一の効果は、一般に信じられている貨幣に対する国による公の管理を全くなくすことが可能だということだった。国は硬貨を鋳造し贋金を追放することで、通貨に関する全てのことを行ってきたと信じられてきた。ドイツ通貨マルクは金以外の何物でもなかった。そのため国の管理組織とは、すべて硬貨を測るための秤でしかなかった。貨幣は金であり、国の通貨は金の性格を持っていた。金に求めることの出来るすべてが金貨にもあてはまると思い違いをした。かつての頭取であるコッホ博士が、戦争の数年前にはまだ長い解説付きで発行していた国立銀行法の中に、通貨にとっての出発点である「商品」と「価格」という言葉が全く出てきていない事実を見れば、それが本当であることは明らかである！　国立銀行を数一〇年に亘って指揮してきたコッホもまた、ドイツの通貨に問題ないかを確かめるために坩堝と秤しか使わなかったのである。

我々は通貨管理という名にふさわしいものすら持たず、国の通貨はこれまでまったく国の監督なしに扱われてきた。国立銀行はこれまで三分の一補償の規則の範囲内で、全く随意にドイツ通貨（バンベルガーの言葉のように命を持たないものではない）を取り締まり管理することが出来た。ドイツ通貨マルクが金の価値ゆえに保証されている、という理論で蓋をすることで、国立銀行は自分たちが採った措置の積極性や消極性に対する責任を逃れ、金本位制に伴う有害な現象の理由を国立銀行の活動以外に探そうとする国民経済学者の手に委ねることが出来た。国の最重要な領域で完全な恣意が働いていたのだった。金本位制の導入直後、商品価格はフランスから戦争損害補償として流入した金のために上昇した（泡沫会社氾濫時代）。給料がそれに続いた。ドイツ産業の製造コストは世界市場での競争に負け、輸出は後退し輸入が増大することになった。それまで黒字だった貿易収支は逆転し、一八七三年には支払収支の残高は、すでにフランスからもたらされた一〇億すべてを国境越しに投げ返してしまったのだ。ドイツの産業も農業も新しい関係にまだ対応できないでいた一八七三年、大恐慌が勃発し、再びさらに新しい立場を取る必要が生じた。

泡沫会社氾濫時代の価格の上昇とそれに続く混乱に対して、国は効果的な関与をすることが出来ないという金本位制理論から、誰の責任も問うことがなかった。金本位制理論によれば、ドイツ通貨マルクは金五〇kgの何々分の一であり、金五〇kgの何々分の一でしかないものを国は一体どうやって管理出来るだろう? こうして金本位制理論は、通貨状況への国のいかなる介入をも締め出すことになる。

混乱の後に続いた我々の国民経済の悲しい状況も記憶に新しい。あらゆる価格は下落した。穀物価格に至っては二四〇から一四〇マルクに下落した。そしてドイツの穀物は、輸出から輸入へ移っても、価格は何年にもわたって底値のままだった。事業意欲は萎え失業者は一〇万人を数えた。それにもかかわらず一八八一年、移民は二二万一〇〇〇人に上った。ドイツの奴隷女たちは危機に打ちのめされ、世界中で娼婦になった。ヘーデルとノビリングはやけくその行動に走った。暴力による最悪の方法で秩序が保たれる必要があった。

ドイツの例をほとんどの国々が次第になぞって行った。こうしてドイツのような経済状態が世界中で見られるようになった。二重貨幣主義の擁護者を除いて、経済にのしかかる圧力がどこから来るのか知らなかった。みな金貨の輝く姿が救ってくれるものと信じていた。通貨問題はあらゆる時代を通して最大の誤謬である価値学説と密接にもつれ合い、二重貨幣主義者でさえも途方に暮れていた。そして最後には、愛と通貨問題は人を最も狂わせる、というビーコンフィールド卿の冗談が、通貨問題とだけは関わるまいという誰もが守る警鐘となったのだ。そして金の権力は再び世界で有効なものとなった。この世界の事を何も知らない国民は、貨幣として際限のない支配力を金に与えてしまったのだ。

価値学説は商品価格の下落を全般的な商品の過剰生産として説明した。分けても機械と船舶の能力のすさまじい向上が、過剰生産を生んだと言うのだった。

商品需要の少なさから価格は下落し生産は過剰となり、失業者は飢えると言うのだ！ 確かな「内的価値」を持つ金は、自分の価値に等しいものを持つものとだけ交換されるというのだ。金は価値を測る傍ら、せいぜい価値の番人、価値の輸送手段、価値の貯蔵、価値の化石（文字通り石にする）といった役割を果たすだけだと言うのに！

人々は言った――貨幣不足によってなぜ危機状況が生じるのだろう？ 銀行の現金所有の増大と利率の低下は全ての国で一般にみられる事実だ！ 貨幣不足と利率の低下は相容れない。それはパンが不足すれば価格が下がるというようなものだ。利率の低下は貨幣の過剰によってしか起きない。だから二重貨幣主義者の危機の説明は誤りなのだ、と。これに対して二重貨幣主義の代弁者は言う。銀行が所有する貨幣が増加することで起こる見かけ上の貨幣の過剰と利率の低下は、まさに貨幣不足が存在することの一番の証である、と。価格は貨幣不足のために低下するのだ、と彼らは説明する。そして価格が後退するので企業家は持っている貨幣を使えないのだ、と。価格が今日からもう下がらない、という保証を企業家や商人に与えれば、危機のために銀行の金庫の中へと逃げ込んでいた貨幣はすぐに再び流通を始める。貨幣不足では少額であっても確実に投資することができない、と彼らは言った。

しかし当時こうした関係はまだ理解されていなかった。両貨主義者たちは退けられた。商品価格の低下に対して通貨側から舵を取ることを拒んだのだ。それまで積極的な通貨政策を行ったところはどこにもなかった。貨幣を知って三〇〇〇年来、いつも好きなようにさせてきた。経済はいつも貨幣に自分を合わせてきたのであって、決してその反対に貨幣が経済に合わせることはなかった。貨幣は「内的な価値」を持ち、金属としての地位によって自らを保証した！　貨幣の保証はその素材の地位によるのだ！　しかし積極的な通貨政策は、貨幣を素材から分離し、公的管理の対象として国の要件となった時初めて可能となる。しかしそれを国が行えば大きすぎる権力を持つことになる。国は宗教、学校、武器は国有化することは出来るかもしれないが、通貨管理を国に委ねてはならない。通貨管理は国民の経済的幸福をよりよく託すことが出来る国際通貨機関に委ねなくてはならない（へルファリッヒは一九一〇年に出版された分厚い本「貨幣」〈あらたにカール・ディール博士も「スイス統計雑誌」一九二〇年第一巻でも触れている〉の中でこの考えに言及した〉。

とにかく何かをしなくてはならなかった。農民も労働者も窮状を救う政策を求めていた。そこで再び、古色蒼然とした馬鹿げた提案へと戻ることになった。商品価格を引き上げたのだ。働き手が減りわずかな商品しか生産が出来なければ、当然価格も上がらざるを得ない。そう考えたのだった。労働者と農民の大量移動（一八八一年から一八九〇年にかけて一三四万二四二三人）は全く好都合にすでにこの方向に働き、さらに工場は閉鎖して労働時間は不本意に短縮した。しかしそれらはゆっくりと進んだために、十分に根本的なものにはならなかった。通貨を調整し商品価格を上昇させる手段として、失業は本来理想的なものではない。失業を海外に転嫁することが出来ればもっと良かっただろう。つまり海外からの商品を我々の市場から閉め出せば、商品の供給は後退し価格が上昇する！　そう考えて行動した。こうして価格の下落を防ぐために関税保護が導入された！

しかし貿易保護は植民地と支配によって拡大する閉鎖的経済領域という危険な思想を生み出して、国と国との利害が衝突することとなった。このことは今日、世界大戦の真の最終的な原因と見做されている。

契約のない国際通貨という金本位制の根本にある考えは、実は自由貿易主義的なのだという事実を考える時、こうした展開はとても不思議で注目すべきものである。ドイツや他のほとんどすべての国々は金本位制の導入以前には自由貿易だった。金本位制に関して先んじていたイギリスもそうだった。自由貿易主義思想を堅持して継続する代わりに、金本位制が商品価格に行使した圧力が至る所で保護政策を優勢にした。関税政策は、金本位制の経済的影響に対して我々に自由貿易を約束する保護のはずだった。それなのに我々が手にしたのは目的とは反対のものだった。もし閉ざされた経済領域という考えの愛好者がその目的のために国際的な金本位制を求めたのだとしたら、経験が教えてくれるようにそれは全く理にかなったものだっただろう。金本位制は世界貿易、自由貿易の発展に対して考えうる最大の障害であることが証明された。

さて、南アフリカとアラスカにおける金鉱の発見が保護関税と時を同じくしたことは、経済関係を考えるうえで宿命的な偶然だった。人々は経済的な躍進の原因を金の採掘量の増大という通貨領域での出来事ではなく、貿易保護政策の効果によるものと考えた。我々はあの躍進は世界的なものであったこと、貿易保護の対象となった国々や自由貿易を順守していた国々にも同様に見られたことを、ここでより一層強調したい。アフリカでの豊かな金鉱の発見の効果は、有名な三分の一補償法のゲームで三倍となり、価格は再び引き寄せられ、取引は再び可能となった。金本位制がもたらしたすべてのもの――全般的な危機状況、失業、不満、多くの国民の貧困、社会民主主義、大量移動、放浪者、乞食、農業の危機、高利と高利法、ユダヤ人狩り、数えきれない支払停止、大小企業の倒産、配当の下落、すべての株式相場の下落、個人の、集団の、地方の、そして国家の財政赤字、関税、関税戦争、あらゆる国民層と諸国民の扇動と相応の動員、そのすべてがアフリカでの金の発見以来徐々に消え去ったか、少なくとも縮小された。

すべての国が我先にと働き、各地で生産が数倍にもなった。それでも価格は下がらず更に上昇し、誰も過剰生産を口にしなかった。かつてみなの口に上り、二〇年に亘って新聞記事を飾り続けた言葉が欠けていた。それは殆ど忘却された。そして二重貨幣理論と戦ってきたすべての人々を唖然とさせたのは、金鉱の増大の結果、全世界で硬貨と紙幣の発行が増し、それと同じ割合で利率が上昇し銀行への貨幣集中が解消したことだった。突出した危機の原因を拙劣な通貨環境に求めた両貨主義者の主張のすべては、明白なものとして承認されることになった。

金本位理論に対するこの圧倒的な反駁によって、まさに通貨規定を作り替える絶好の機会だった。しかしそれはなされなかった。国立銀行は従来通りの方法を堅持した。彼らの提案は、金本位制の廃止ではなくその強化に向かうものだった。実際商売は好調で今や通貨の事を気にする理由などなかった。上景気の経済に有頂天になって、誰一人時を（今や本当に時は金なりとなった時を）通貨の謎を解き明かすことで失う気など持たなかった。

最大の経済危機の原因に対する両貨主義者の考えの正当性を現実が確かに証したのに、同じ現実が同時に金本位制を攻撃していた理由をも片づけてしまった。彼らは通貨の中で不足している金を調達する必要があった。この不足は解消され、すべては再びベストな状態なのだ。両貨主義を熱心に説いていたオットー・アーレントは金本位制の信奉者となった。

しかし歓喜は長くは続かなかった。産業や新たに金本位制に移行した国々へと金の流出が増え続ける一方で、一九一〇年まで急激に上昇した金の流入はそれ以降ほぼ一定となった。金を購入して自国の通貨の「基礎を固める」ために、多くの国は適正な比率を用いた。アルゼンチンだけが一九〇〇年から一九一〇年の間に三〇〇〇トンを超える純金を世界市場から買い入れた。ブラジル、チリ、メキシコ、ロシア、日本も似通ったことをした。同時に景気のいい経済が生み出した全般的な豊かさは、金細工のために金貨を大量に溶解させた。国民経済がフル稼働して生み出したその豊かさ自体がその要因を例外なく失わせてしまうことこそ、金本位制の最大の誤りのひとつだ。

高値に留まったものを更に高めるためには、いまや豊かなアフリカの金鉱でも十分ではなくなってしまった。今日の貨幣システムでは、景気を上げるためには価格の上昇を鼓舞しなくてはならない。上昇したり下落したりする価格に、金本位制による国民経済は耐えることができない。戦争が始まる何年も前に、すでに経済状況は至る所で大きな不安に駆り立てられていた。この不安がどの程度まで戦争の勃発に関与したかは、ここではこれ以上探求しない。当時多くの商人や企業家、農民たちが自分たちの仕事への配慮から、平和を保つことにもはや重きを置かなくなっていたのは確かなことだ。こうした配慮はそれ以外の事柄にも大きな役割を演じるものなのだ。

戦争が始まると金本位制は崩れ去る。最初の一撃はすでに一九一一年、国立銀行券が合法的な支払い手段とされ、紙幣理論が最初の法的承認を受けた時に起こった。一九一四年八月の償還義務の解消により、紙幣と金との直接的な結びつきは解かれ、ドイツ紙幣は初めて自分の足で立つことになった。ちなみにこの事態は、まだ公的に承認されていなかった。当時印刷されたばかりの紙幣にも、国立銀行はその所有者に対して「提示により何々マルク支払う」と書かれていた。しかしそれが空約束であることを誰もが知っていた。それが銀行券所有者の権利よりも、国立銀行株式会社の優先権を強調することに配慮した苦境の刻印であることを知っていた。国立銀行はもはや本当に「支払わなかった。国立銀行の紙幣を兌換財として使用すること、つまりそれで商品を買うことが貨幣に期待されるすべてなのだ。それなのになぜ、まだ支払いを約束するのか？　商品を販売しなくてはならず、国立銀行券が頼りの人はそれを突っ返すわけがないのだから、国立銀行は支払いの約束を平然と抹消することだって出来たのだ。国立銀行券が法的に兌換財であること、そしてそれに代わる他の貨幣が存在しないことだけで、国立銀行紙幣が商人の間で通用することを保証するのに十分だった。特別な償還は余剰だった。なぜなら商品を生産し市場に運ぶ限り、貨幣はいつでも必要だからだ。紙幣を償還することは紙幣の破棄を意味する。

永遠に使用する紙幣を破棄するようなことを、なぜ国民に約束するのだろう？　銀行券の「支払約束」よりもずっと重要なのは、適切で秩序立った貨幣の管理だ。我々が秩序だった貨幣管理に望むのは、その貨幣を使っていつでも安定した価格で商品を購入することが出来る保証だ。商品の平均価格は安定していなくてはならない。国立貨幣管理局が紙幣に刻印して、所有者に約束する必要があるのはそれだけだ。そして国立銀行が銀行券発行の独占権を持つ限り、不幸な状況にあっても戦時にあってもこの約束を守らなくてはならない。商品の平均価格が下がる度に紙幣を発行して流通させなくてはならない。そして、反対に商品の平均価格が上昇する度に紙幣を回収して焼却しなくてはならない。それ以外にすべきことはない。九九％の国民にとってまさに最も縁のない金や銀という最重要な商品ですら、それを確保する必要はない。個別の商品の価格を気に掛ける必要もない。ただ統計局が伝える平均価格を貨幣需要のための尺度として使用するだけだ。この価格をどのように調査するかについての論争は今日もはやない。この問題と真剣にかかわってきたすべての人にとって結論は出ている。クリステン博士、イルヴィン・フィッシャー教授、シルビオ・ゲゼル、その他の研究を参照すること。どのような状況にあっても、平均価格を堅持する通貨の完全な安定は、今日ではもはや可能かどうかが問題ではなく実行するかどうかである。

通貨の完全な安定は金本位制がもたらしたすべての問題を免れている。市場関係の変動に対して完全な保証を与えてくれる。個々の商品の価格変動の原因は自然な使用に付随するものに限定され、誰の目にも明らかなものとなる。

「ＤＲＷマルク（ドイツ通貨マルク）」という概念は、商品価格に確かな基礎を置く安定した周知の通貨単位として次第に記憶に刻まれてゆくだろう。こうして商人たちも最大限に効果的な公の監視のもとに置かれることになる。現在一マルクにどれほどの価値があるのか誰にも分からない。商品価格が絶えず大きく上下するからである。

金本位制は貨幣過剰と貨幣不足の危機を作った。通貨の完全な安定は日々の需要を正確にカバーする。貨幣過剰は好景気を生むとともに、すべての給与所得者、年金生活者、抵当権債権者、債務証書債権者に被害を与える。労働者たちはストライキを何度も予告して、上昇する商品価格に見合う賃金を求めなくてはならない。

通貨の完全な安定によって平均価格は堅持される。金本位制において貨幣不足が貨幣過剰と交代すると、不況がいつもの随伴現象を伴って現れる、恐慌、失業、債務者の被害と倒産、国家予算の赤字等々。通貨の完全な安定があれば、商業上の理由で貨幣不足に見舞われることは決してない。金本位制は偶然本位制なのだ。金の発掘に左右され、その発掘がいかに不規則なものかということは歴史が証明している。中世の間、金の発掘は皆無だった。そのため中世では多くの人が金も持たず、取引や分業という大きな利点もなしに過ごさなくてはならなかった。金本位制が頼りにしている発掘が必要なだけ得られる保証はどこにもない。これに対して通貨の完全な安定はどの時代にも有効であり、偶然に左右されない。

市場への貨幣供給が不規則だと取引はいつも危険を伴い、誰も取引に金をつぎ込もうとしない。こうして損失の危険を保証するために高い利息が生じる。そして商品売買は高騰する。通貨が完全に安定していれば、この特別な危険性が消え去る。そうなれば取引資本も低い利息で満足することが出来、競争原理も満足するはずだ。

利率が商品価格に連動して上下することは周知の事実だ。不況は低い利率を伴い、好景気では高い利率となる。利率の高さによって確定利付証券の相場が決まる。利率の変動は二〇~二五増大して確定利付証券相場に反映される。もし利率がこの数一〇年の素晴らしい躍進を繰り返したとすれば、我々がそういった通貨を導入して通貨関係に堅実さを持ち込まなければ、この変動は取引所が戦時公債の負担に喘いでいる現在、恐ろしい額となるだろう。通貨の完全な安定によって商品価格と利率は堅持され、確定利付証券の相場も躍進することはない。

端的に言えば、通貨の完全な安定がもたらす利点はそれほど大きいので、これを拒むための理由を挙げることが難しいほどだ。個人経済の観点からは、公の要件として貨幣がどうなるかについてまったくなんの顧慮も持たない。なぜなら個人的経済は、他人の個人的な利益を犠牲にしてのみ利害を見込むことが出来るからだ。通貨の完全な安定は個々への配慮に関して中立の立場に立つ。為替相場(変動相場-為替)についてもう一言述べなくてはならない。

ドイツ通貨局で貨幣需要を測るための異なる二つの尺度を用いることは出来ない。貨幣の発行を堅固な商品価格に向けるか、それとも堅固な為替相場に向けるかについて我々は決断した。我々は国内取引にとっての突出した意味から、何より安定した商品価格への対応を望む。そしてそのことと一致するものである限り、安定した為替相場をも望む。商品の平均価格が堅持されるかどうかは、ひとえにドイツ通貨局の仕事にかかっている。一方この目的と安定した為替相場とのつながりは、関係諸国との堅固な一致による基盤によってのみ可能である。為替相場は、海外貿易に関係する国々が我々のものと同様の通貨政策を行うことではじめて堅固なものとなる。これまで我々は、為替相場に関して何ら積極的な通貨政策と呼ぶことが出来るようなものを持たなかった。それにもかかわらず為替相場の変動が金輸送点の間でだけ行われた理由は、為替相場にとっての商品、つまり金が大きな費用もかからず、簡単にある国から他の国へ移されたことによる。為替相場を上げることが出来なければ、為替を購入するはずだったお金（金）を荷造りして為替の代わりに送ればよかった。こうした方法はまだ効果があった。貿易赤字と赤字決算のために金を輸出し、その結果商品価格が再び国際的な水準に下がり、貿易赤字と赤字決算が自動的に逆転した。つまり我々は管理する代わりに自動制御されたのだ。人間精神の代わりに機械作業が行ったのだ。この自動制御も他のすべてのものと同じように、貨幣を荷造りして発送した時はじめて働くのであって、その前には働かない。最大の障害が起こった時、すなわち相対的な貨幣過剰の結果として、商品価格が金の輸出を必要とする限界を迎えたとき、はじめて行動に入るのだ。

この自動制御の代わりに我々は、人間の認識に導かれた行為を行使しようと思う。世界貿易に関係している国々が自国の通貨によって、みな一様に平均価格を安定させようとすることで、貿易収支を変動させる主原因は消え去り、国際貿易関係は安定する。かつてフランスからの数一〇億の流入（そして再流出）による貿易差額がもたらした障害を思い出す。こうした障害は通貨の完全な安定があればもはや生じない。貿易収支が支払収支の障害を生じさせるはるか以前に、関連する諸国の通貨局が介入する。商品輸出が多すぎる国では、貨幣を発行して価格を上昇させ、商品輸入が過剰なところでは、貨幣の回収によって価格を下げる。つまり金本位制の元、今日自動的に、しかし手遅れになってはじめて行われる金の輸出入が、ここでは時を得て同じ手段を前倒しして、貨幣の回収と発行によって自由に操作される。というのも金の輸出は、その効果から見れば貨幣の回収と異ならず、金の輸入はまた貨幣の発行と異ならないからである。国立銀行は一（金）マルク輸出に充てる毎に、規則によって三マルクの銀行券を回収しなくてはならない（三分の一保証）。その違いは、国立銀行が介入するのは輸出のために金が求められた時、すなわち国立銀行が回収することになる供給過剰な紙幣がすでに悪さをしてからであるのに対して、通貨局は前もって手を打つのである。

個々の国の間で通貨局の指導原則の合意に至れば、もはやひとつの国際通貨局を設立することとほとんど変わらない。この国際通貨局では、為替相場の変動を観察してその原因を探り、その国の貨幣管理局に貨幣流通量を増加もしくは減少させることだけで、為替相場の変動を除去するよう指導し勧告する。おそらく、やがて世界通貨というかつての夢を実現させるべく、個々の国の通貨局をこの国際局に集中させようという提案が交わされるだろう。硬貨を使っていては、そうした提案は実現出来ない。紙幣から作られた通貨の完全な安定にはこの提案の実現を阻むものは何もない。ちなみに通貨の完全な安定は、この道によってのみ為替相場の完全な堅固さをもたらすことができる。

紙幣の所有者に対して、通貨の完全な安定は特定の商品（金）を約束しないため、いわゆる保証（金保有）は、余剰なものとなる。通貨の完全な安定は静的なものではなく、動的なものとして考える必要がある（クリステン）。それは行為であり管理方法なのであって、何らかの素材でもその素材の特質でもない。ドイツ通貨局が発行する紙幣の保証は貨幣としての妥当性であり、商品交換のダイナミズムである。それは鉄道の株の保証が線路の鉄ではなく、線路の上で行われる物資の輸送であるのと同じだ。商品交換の出来ない貨幣が意味がないのと同様に、この輸送がなければ株は空っぽである。同じ理由から、紙幣の保証もその国でどのような商品を購入することが出来るということにあるはずだ。商品を売ってもらえる限り貨幣は保証される。戦争はこのことを十分すぎるほど見せつけてくれた。何度も聞かされた国立銀行の財宝の代わりに商品さえあったらと今日、いかに多くの人が考えていることか！　商店が空っぽなのに、金が保証してくれる国立銀行券が何になるだろう？　紙幣と通貨の完全な安定の性格を理解した人は、三分の一保証を含めたあらゆる特別な保証を拒む。このアンタッチャブルな三分の一保証こそ、研究者からはすでに長きに渡って無意味とされ、そしていまでは実業家からも無意味なものだと認識されたものなのだ。保証のアンタッチャブルな部分は、積極的な通貨政策を行わず、保有した金を貨幣として期待するのであれば、まだいくらかの意味はあるだろう。しかし、効果が発揮されてはならない三分の一保証のアンタッチャブルは無意味なのだ。同じように、手に取ることのできない月の金を保証としても同じことだ。ちなみにこれまでこのアンタッチャブルな金の存在について、理解できる理由を発見できた者は誰一人いない。

為替相場が額面よりも大幅に低く落ちるのを三分の一保証が阻止しなかったことが、物事を論理的な方法で見ることが出来ない人にも戦争によって明らかになった。三分の一保証は、アンタッチャブルで効果がなければ余分なものだ。これまで銀行券の償還を助けた金保証の一部は、国債の利点と交換されるべきであり、積極的な通貨政策によって余計なものとなれば更に良い。

紙幣に対する国民の「信頼」を保つために三分の一保証が必要である、という古い信仰はおとぎ話にすぎない。実際公の貨幣管理は、国民の信頼や不信をまったく考慮する必要がない。貨幣独占はいつの時代も無限の力を持っていた。他の貨幣が流通を許されない限り、生産者は国の貨幣を使うしかない。さもなければ商品を担いで帰るか、自然の手に任せるしかない。しかし貨幣が信用できないからと言って、作物を腐らせる農夫などいない。紙幣は法的な支払い手段だという説明さえ、商品交換には余計なものだ。その他の貨幣との競争で国の専売商品はいつも勝利を納める。というのも、不信が大きいほどより簡単に勝つのだ。この独特のパワーゲームをいわゆるグレシャムの法則が説明している。

市場を管理するダイナミックな手段として通貨を捉える人にとって、三分の一保証のような余計なものは必要ない。

今日、金本位制を再導入することは多くの人たちが主張しているように不可能ではない。金本位制は、現実の通貨政策からまだ完全には姿を消していない。例えば、金本位制は同じ比率で貨幣を鋳造することを全く求めていない。金を薄めることも、逆にすることも可能なのだ。現在では純金一キロ二七九〇マルクで計算している。しかし一キロから四千～八千～一万マルク作ることも出来る。このことは金本位制にとって、それ自体妨げとはならない。戦時価格を保持することが出来るほど金を薄めることも出来る。こうした伝統に則って、これまで通り「だらだらやる」ことも出来るだろう。金本位制にどうしても留まりたいのなら、戦時価格を緩めないことだ。それどころか、ウッドロウ・ウィルソン博士（現在のウィルソン大統領）が当時行った提案通りにするのであれば、我々は通貨の完全な安定をある程度まで金本位制と結び付けることが出来る。ウィルソンは、商品価格が上昇に向かうとき一ドル当りの金の含有量を増やし、商品価格が落ちればそれを減らすよう提案したのだ。この方法で通貨の完全な安定を手にすることが出来ることを誰も否定しないだろう。理論的にも現実的にも、事態は我々の提案を超えた。ここでも商品の平均価格がドル紙幣の発行尺度を演じた。ウィルソンは、通貨を行為としてまだ完全には理解できないでいる。彼はまだ物質に囚われている。そうでなければドルを金から完全に分離させただろう。

しかし戦前の価格へ戻すことは全く不可能だ。どんなテンポで戻そうと提案しても同じことだ。この提案は実現できない。商品価格を再び元に戻そうと試みただけで、戦争以上にコストがかかってしまうだろう。馬や豚やアヒルや川、羊毛等々を戦時価格で売り戦時公債を買った者たちが、今その戦時公債を売って自分の馬や豚等を、今度は平和時の価格、つまり売った時の半分、もしくは三分の一の価格で買うことが出来たとしたら、だれでもそれが大きな不公平であることをすぐに分かるだろう。また全般的な価格下落は経済危機と同じ意味を持つ。昔の価格に戻すことが出来ないのならそんな話はすべきではないし、そのことで人を脅すべきでもない。誰もがその準備をすることが出来るように、今誠実にこう言おう。我々にとって金本位制は完全に終わったのだ。

そうした絶縁によって、我々は世界から隔絶されることはない。正反対だ。金本位制の崩壊で、今日国民はみな通貨に関して孤立している。その最大のものがスイスのように金本位制に留まっている諸国、金本位制にもかかわらずいかなる国とも確かな為替関係にない諸国である。反対にドイツで、もし通貨の完全な安定を導入するとしたら、同じ通貨の導入によって、他の国々が周りに集まることの出来る結晶の核としての「確かな拠点」を作ることになるのだ。我々が通貨の完全な安定を行えば、外国でマルク為替を買った場合誰でもその価値を知ることが出来る。最も大切な市場で、商品に対してマルクがどれだけ価値があるかが分かる。これに対して金本位制に戻れば、外国の人にとってマルク為替の価値は全く分からない。ある商品に対して半分で良いのか、二倍払わなければならないのか分からない。

商業の、農業の、産業の、国家予算の、そして一般的な支払取引の要求にもっとも叶うような全般的な価格状態を本来の貨幣管理の出発点として選ぶことが、通貨の完全な安定には出来る。農民や職人や労働者が、講和条約終結後、彼らの生産物に対して現在の戦時価格をそのままにするのだとしたら、彼らは高い給与で高い税金や家賃を支払うことになる。そして債務者となった家主も抵当義務を守ることができる。このように絡み合った支払取引は中断することがない。こうして完全に動き出した立ち返りつつある国民経済は、新たな戦争税を負担し、国に対しても戦時公債を含んだ義務に従うことが出来る。一方で金本位制状態による全く見通しのきかない、恐らく一〇〇％低い商品価格の後退と、それに伴う経済危機は国民の納税力を失墜させ、支払取引を中断し、減少することのない戦時公債の利息は全く支払不可能となるだろう。

講和談判で堅固な為替相場の将来について協調することを可能にするのは、通貨の完全な安定だけだということは、避けては通れないだろう。そして通貨の完全な安定によって、ほとんどの国を保護政策に駆り立てた諸事情が取り除かれるため、同じ講和談判の中で経済和平の課題、すなわち世界自由貿易についての回答を得ることが出来る。

＊　＊　＊

コペルニクスは太陽の周りを地球が動くのを発見した。しかし、宇宙空間に浮かぶ地球という考えにまでは至らなかった。地球は平らな堅固な面という考えのままだった。地球をこの鎖から解き放ち、宇宙へ放り投げたのはガリレオだった。

新時代の結果は、一連の理論家に通貨の完全な安定のように、金ではなく商品の平均価格の周りを回る紙幣、という考えを呼び起こした。しかし自ら唯名論者と名付けたこれらの理論家たちは、まだ物質に囚われていた。かれらは紙幣の概念のために、その周りを回る物質的な水準（金為替）を必要とした。通貨の完全な安定ではこの最後の鎖も解き放たれる。通貨の完全な安定は何らかの特定の商品と結びつくことなしに、太陽を周る地球のように自由に商品の平均価格の周りを回るのだ。

ドイツ通貨局――創設のための経済的、政治的、財政的前提

通貨とは秩序である。財政的な秩序と不可分の国民経済の秩序である。それは全般的な健全さの証である。通貨の混乱は同時に経済的、政治的、財政的な混乱の原因であり、またその作用でもある。健全な通貨関係を生み出すためには政治的、財政的、国民経済の現実に完全に従う必要がある。さもなければ健全性はもたらされず、すでに長きにわたって我々を脅かしている完全な崩壊と没落が、ほとんど避けようがないものとなるばかりだ。躊躇が長いほど、痛みを伴う手術は困難なものとなる。

今でもすでに我が国組織の四肢を犠牲にせざるを得ないだろう。

今日、社会全体を救うことでしか自分を救うことが出来ないということが分かっている者は、全体の救いのために求められることは何でも、自分自身のためにも犠牲にする用意があるだろう。もちろんだ！ しかし合理的に考えて当然であるこうした主張に、みながみな賛成してくれるわけではない。これまで支配階級だった人たちには、雷雨が来るのが見える。古い組織をとにかく救うため、彼らは犠牲を払う用意がある。失ったものを再び取り戻す望みをかけ、財産の大部分を手放して残りのものを救おうとする。労働者の場合には事情は異なる。彼らにも犠牲を払う覚悟はある、それも大きな犠牲を。彼らは状況が求めるままに最大限のものを与えるだろう。しかし彼らがそうするのは、古い状況、資本主義的な階級国家を救うためではない。

戦争という出来事でようやく錆びついた鎖を新たに鋳なおすために、熱心に働く国民がいるだろうか？ 古い秩序の再現を知らせるハンマーの音が響くことはない。こんな労働者の黄昏を続けるくらいなら驚愕の最後の方がましだろう。

すべての命運が掛かった課題がここにある。国民経済のフル稼働、国家財政、そしてドイツ通貨局のためには、働く全国民が喜んで協力することが前提なのだ。資本家が国土を見下ろすための城を建てるためだけにこのことを期待するとしたら愚かなことだ。救済は何がしか新しくて素晴らしいものを大切にすべきなのだ。成功のためには役人や農民や、すべての働く国民、プロレタリアートの内に偉大で明るい希望が呼び起こされなくてはならない。流す汗は救いのためであり、危機を支える忍耐は未来国家の建設のためのものだということを、資産のない大衆は知る必要がある。

革命後の一年半に、そんな希望の糧を与えてくれるようなことが起こっただろうか？　我々の政党の政策は、そうした目的を目指しただろうか？　経済的、政治的、財政的な状況は、この一年半の間日ごとに悪化しなかっただろうか？　紙幣の流通は一五〇億から五五〇億に増えなかったか？　為替はその間に六五から一〇に下落しなかったか？　賃金率は毎日書き換えられなかったか？　資本主義的な搾取の歩合である利率は四から八に、取引利益は三五から七〇に上昇しなかったか？　すべての労働者に必要な偉大で明るい希望の代わりに現れたのは、不愉快な絶望ではなかったか？　絶望は、絶望的な行為を招く。

共産主義は人間の本性に矛盾する。社会民主主義的官僚国家は内部軋轢に零落し、資本主義国家はどん底で死滅しつつある。何をなすべきか？　この混乱から誰が救ってくれるのか？　未来国家への道を誰が示してくれるのか？　政党が打ち出す政策は道を示してはくれない。共産主義者や社会民主主義者の政策が与えてくれるのは待ち焦がれた個々人の解放ではなく、あらゆる束縛である。資本主義国家ですら我々を鎖につなぐ。共産主義は国家を耐えられないところまで強力にする。人間を工場の一部にすることで責任感情を根絶し、強い者には自分も重荷でつぶれるまで、怠惰な者や愚かな者の責任を負わせようとする。外界に適応するように私たちを作り上げる自然の法則を捻じ曲げ、あるいは完全にシャットアウトしようとするそのような政策では、国民を本当に一つにすることはできない。この政策の主な代弁者であるオットー・ノイラートが、あらゆる強制によってのみ実行可能であると自ら認めているように、働く国民大衆を一致させて共産主義的政策を実現することは、永遠に不可能なままだろう。強制とは争いであり、争いは破滅なのだ。

他の政党の政策はどうだろう？ ドイツ民主主義の中心であるドイツ人民党の政策はどうだろう？ かれらの追求したものは、すでに新しい憲法によって解決されたものか、もしくは資本主義的特権と階級国家の保持に仕えるものばかりで、希望も中身もないものとなってしまった。

今日なすべきことは、およそ一つの政党によって解決できるものではない。すべての働く国民の協力が必要である。新しいことが起こらなくてはならない。一人の例外もなくすべての働く人々、工場労働者、小作人、農場経営者、職人、商人、すべての役人が了解し、政党や団体がそれぞれ個別の政策や個別の目的を諦めることなく、一致して行動できる基盤を見つけなくてはならない。すべての政党や働く国民をつなぐ絆を見つけなくてはならない。

この絆、この共通の舞台、すべての働く人々と彼らの政党団体、共産主義者、社会主義者、役人、農民、職人、そして夥《おびただ》しい数の年金生活者や老人たちの一致した目的は、あらゆる寄生虫的存在との戦いである。資本、利息と地代、搾取と失業手当とマルクス主義的余剰価値の総体との戦いである。すべての社会的努力の出発点と原動力は、個人の自立と自己責任を放棄し（たとえそれが自分が選んだ者であったとしても）当局の指令に従うというようなものではなかったはずだ。違う、それがバネではなかった。様々な社会主義的努力が生まれた理由は、まさに利息と地代に見られる資本による搾取であったし、現在もそうだ。

社会主義者は、利息と地代と言う形の搾取を生んだ。それらは個人による土地所有と同時に誕生した。ユートピアや空想上の未来都市の形をとった様々な社会主義システムは、搾取、もしくは完全な抹殺を防ぐための手段にすぎなかった。法王は搾取を禁じたが効果はなかった。社会主義的なシステムによってそれらを不可能なものにするしかない。

これまで知られてきた社会主義的システムは、こうした目的を個人財産や自営、自己責任の完全な解消によって目指してきた。それを試みたところでは、そうした解消による欠如の方が戦おうとしていた悪よりも被害が大きかったということ、今日の人間はそのような経済秩序に自分を合わせようとしないことがその度に明らかになった。失敗に次ぐ失敗によって多くの社会主義者が、社会秩序の改善のためには、何よりもまずより良い人間が必要だという憂鬱で絶望的な意見に至ることになった。これでは希望がない、絶望的だ、自殺しろと言うようなものだ。

現代人が今日の経済秩序の中で、エゴイズムと自己愛と私欲と個人資産を強調しながら全ての搾取に対する戦いを勝利へ、早期の終結へと導くことを望むことの出来るただ一つの社会主義者、それは自由地‐自由貨幣協会である。

この協会の政策は、自由経済の十全な発展の道を妨げる障害の除去以外何も前提としていない。我々は、六〇〇〇年にわたる不作法な資本主義を生み出してきた人間以外の特別な人間を必要としない。それはドイツ農奴の孫、奇形、そして大酒飲み（唯一ドイツ人から奪われたことのないただ一つの自由）のこどもたち、精神薄弱、懲役囚、盲目に軍の命令に絶対服従する人々、保護貿易論者と組織された政党人、端的に言えば我慢ならない、鼻持ちならない階級国家の不毛な人間の雑多な集まりだ。自由地‐自由貨幣協会が資本との戦いに徴用するのはそんな人間たちだ。そして短期間の闘いで息の根を止め、我々が生きているうちにこの怪物が墜落してゆくのをみなで見物するのだ。しかしこの結末は、劇場で見るようにカーテンが開いた途端には起こらない。我々は一歩ずつ勝利を獲得し、未来の国家を作り上げて行く。搾取の方法は号令すればなくなるものではない。それは働く国民によって、言葉の本当の意味で「解体」されるのだ。年毎に進み具合を確認することが出来るだろう。ハムラビ法典以来、年に五％もしくはドイツでは約二〇〇億金マルク（一九一三年）続けられてきた搾取という欺瞞を、自由地‐自由貨幣協会が進める改革によってすぐに一九〇億‐一八〇億‐一七〇億と減らしてゆき、一五年から二〇年の内に全くなくすことになるだろう。さらに、もし目に見える結果によって拍車がかかり、我々全員が根気よく筋肉と精神の力を精一杯使って働くことが出来れば、その時期はもっと早くなるだろう。自由地‐自由貨幣協会が要求する資本主義に対する戦いは、ハンガーストライキでも闘争でもない。正当な給料をもらえるのであれば誰もが喜んですること、誰もが良く知っている仕事をすることなのだ。自分がした仕事の収益が市町村や社会、国や人類など、ありとあらゆる呼び方で名付けられてきたもののためではなく、自分自身のものになることを知れば、誰もがその苦労を乗り越えることが出来るだろう。

自由地 - 自由貨幣協会がその他すべての社会主義的組織と異なるのは、私欲というものを本能が当然の権利として求める普遍的な衝動と位置づけたことである。自由地 - 自由貨幣協会は、堅い石の大地を掘り起こす人の前で普遍的な平等と友愛を繰り広げようとは思わない。行き詰ったその人は畑を耕すこともしなくなるだろう。資産を持ち自立しようとする気持ちに労働の軛《くびき》を課し、その前馬には功名心を与える。この三頭立てによって畑は収穫を整え、市場には誰もが喜ぶ商品が溢れる。

資本主義と戦う上で私欲と資産に触れることの出来ない他の社会主義者たちはみな、すべての幸福を隣人愛へ向かう無私の衝動に期待するしかない。彼らの未来国家の夢物語では、隣人愛がいたるところで資産を克服するはずなのだ！ 自由地 - 自由貨幣国家はまさにその正反対のものとなる。種を保存しようとする本能を否定しない。種の保存本能は生存本能や私欲を克服するのに十分なほど強力であることを人は認めようとしない。しかし種の保存本能は、生存本能のとても薄められたものなのだ。とても強い私欲によって人はしばしば隣人愛の使徒となることがある。なぜなら自分の幸福がみなの幸福の中に最も確実にあることがわかった人は、みなの幸福のために個人の犠牲を払うことができるからだ。洞察力のある人もしくは先見の明のある人ほど、全体の幸福に取り組むことが出来るのを観察することが出来る。そういった人は、公共の福祉は個々の幸福とつながっているという、しばしばもつれがちな糸を上手に辿ってゆくことが出来る。ただ隣人愛を説くだけの説教師は、エビで鯛を釣ろうとしているだけなのだ。

原初的で強力な生存本能や私欲衝動は克服することの出来ない衝動だ。この衝動を直接支えるような経済制度が必要なのだ。そしてこの目的がより良く達成されるほど無私や隣人愛、種の保存本能というこれらの衝動の後裔もより強くなる。

自由地 - 自由貨幣協会の経済制度は人工的に新たに作られた仕組みではない。それは分業、個人資産や交換経済、貨幣経済の成果として自然に生まれた秩序が発展したものにすぎない。交換がより完全なものとなり、誰もが同じ条件下で原材料に手が届くように保証されれば、それらは完全なものとなるだろう。しかしこの二つの条件は、現在満たされていない。そしてこのことが、この秩序の偉大なる単純さと本来の意味が日の目を見ることが出来ない理由なのだ。夥しい雑草のために最早野菜を見ることが出来ず、雑草を除草する代わりに地質や風土に合っているかどうか調べもせずに、まったく新しい植物を植えようとしているのだ。我々は貨幣存在をバビロニア人、ユダヤ人、ギリシャ人、ローマ人から、その重大な欠点を見過ごしたまま当初からわずかな変更もなく取り入れた。この貨幣存在は、我々が同じようにローマ人から受け継いだ土地所有形態とあいまって、土地と言うものは利息や資本主義や投機や高利や恐慌、つまり我々が経済制度にしっかりと根付いているという誤った考えを蔓延させてしまったのだ。

自由地－自由貨幣改革は、今日の経済制度の仕組みからこの誤りを除去する。この改革はそれ以上先へは向かわない。すべての搾取に対する防衛、完全な労働の成果における権利の実現のためにはこれで十分だ。

自由地－自由貨幣協会が行うことに恣意的なもの、人工的なものや架空なものはない。自然に成長した制度にさらなる成長を求めて人工的な抑制を行うだけだ。自由地－自由貨幣協会は結果が不確かな試みをしない。この制度が実行力を持つことには、それ自体数千年の経験がある。これまで技術的に果たしたことを継続し、前述した抑制が取り除かれた後は、これを超えて更なる業績を果たすだろう。

問題はこの自由地－自由貨幣の目標のため、資本主義に対抗するのに必要なすべての働く国民の統一戦線を作り出すことが出来るかどうかだ。

工場労働者、農夫、自作農、商人、職人、医師、芸術家、役人、会社員に対して我々は数限りない任意抽出試験を行った。結果は我々のプログラムにとって好ましいものとなった。搾取されている人々に向かい合うたびに、プロレタリアートにとっては実に単純に労働所得に対する十全な権利とあらゆる形態の搾取の除去、恐慌と失業の防止が必要だということが明らかになった。農夫や全ての自営業者の場合にはこの要求に加えて更に、個人的な自由と自己責任に対する国や社会当局、もしくは共産主義的な介入の防止が加わる。今日の政党指導者が自由地‐自由貨幣協会の文書を無視していなければ、とっくに目的は果たされていただろう。資本に対抗する統一戦線は決定的な一撃を終えていただろう。

しかしなぜ労働者の指導者たちは、自由地‐自由貨幣の努力に対してそうした態度を取るのだろう？それは彼らがそのことを知らないか、手に負えないか、試みる時間がないからなのだ。政党原則は労働者が指導者の言葉を待つよう求める。我々は誰も責めることはしない。制度問題と政党政治を担う政党人にとって、自身の経済的知識を深めるための時間を持つことがいかに難しいかを我々は知っている。

自由地‐自由貨幣が目指す新制度を実施するためには強要も当局による介入も不要である。この新制度によって交通機関に至るまで国の管理は解体される。農民や無政府主義者、マンチェスターの自由貿易業者のやオイゲンリヒター派の人々の願いを最大限実現する。そして素晴らしいことに、共産主義者にとってもこの新制度が自分たちの計画を実行するための基盤を用意することになるのだ。真の共産主義者たちの団結を妨げるものはもはや何もない。

自由地‐自由貨幣は全ての人々に十全な労働所得を実現する。つまり共産主義的自由団体の比較的少ない所得でも、全員を養うのに十分なほど大きなものとなる。

そしてもうひとつ、自由地・自由貨幣政策が資本主義に対抗する衝撃力をもった統一戦線を創るために最もふさわしく、そのための唯一の可能性である重要な点がある。それは誰もが自由地・自由貨幣国家を、其々が掲げる理想国家へとむかう過渡的段階と考えることが出来るということだ。そうした理想国家が全ての人に正しさを求め、搾取を軽蔑し、現状の資本主義的不作法を良い作法に変えるものであるなら、自由地・自由貨幣国家を、彼らが夢を実現するために働いてくれる人材の予備教育として捉えてくれるだろう。いずれにせよ、現実となった十全な労働所得の権利が与える教育的効果のもとで、真に社会主義的で平和的な人間が育てられる。彼らは未来国家の構築のために政党や、階級闘争、革命が育成する人々よりも、より必要とされる人間精神となることは確実である。現在の嫉妬深く不品行で矮小なアルベリッヒ（訳註 ニーベルンゲンの指輪を守る小人）には、誠意と愛に基づいて何かを希求するような国を建設することなど出来ないのだ。

自由地・自由貨幣政策の旗印の元、すべての階級の労働者たちが一つになることが出来れば、国民にまで成長したそのような「政党」は、政争などと言う言葉がもはや問題とならないような巨大な力を持つだろう。そうなれば純粋にすべての働く人々が望むことが行われるようになり、プロレタリアートの暴力的支配ではなくプロレタリアートを含む働く国民全体が支配することになるのだ。現在の政府が行っている選挙結果のための扇動主義的な行為は具体的な精査へと席を譲る。こうしてドイツ通貨局の二番目の条件が満たされる。

ドイツ通貨局設立のための三番目で最後の条件は財政問題の解消である。個人経済的な立場からすれば、財政問題は紙幣経済で解くことの出来ない結び目であり、これまでの財政政策がさらにもつれさせてきたものだった。紙幣経済によって債権（およそ二〇〇〇億金マルク）の半分が債務者のために十分の一ほどに下落するという事実だけでこのことを十分物語っている。債務者は債権者の財布から一八〇〇億金マルクプレゼントされたのだ。こうした債権者の中には長年老後のために節約し、金本位制に託したすべての老人も含まれている。貯蓄銀行の通帳を持つ全ての人々も（プロイセンで一二〇億マルク）そうした不幸な債権者に数えられる。債務者は次のような人々である。騎士領の所有者、株主、債務団体、そしてしばしば大金持ちの人々。この紙幣経済は多くの場合、ソロンが「Seisachtheia（重荷下し）」（農民の借金の赦免と借金を理由に奴隷となることの全面廃止）によって目指したものとは反対の結果を生むものであることが分かる。

（勝ち目のある）戦争の終結後、敵国に課せるであろう賠償金を活用して再び撤廃する計画で紙幣経済の中へ突き進んだ。

ヘルファリッヒが望んだようにもしそうなっていたとしても、インフレの解消は国民経済的な理由から実行不可能なものと明らかになっただろう。無数の企業家が為替の悪化のために陥った困難は、最も最近の為替の「改善」によってその他の無数の企業家に生じた困難に比べ一円たりとも多いものではない。

後戻りはできない。価格引き下げがインフレよりも決定的に大きな困難を生むことは、誰でも少し考えれば確信できるだろう。紙幣の洪水は少なくとも好景気に伴う有益な効果がある。しかし引き下げは「相場の下落」、没落、恐慌、支払取引の停止、倒産を意味する。

財政秩序を問題にするのであれば、引き下げに向けられてきた通貨政策と今後一切根本的に決別しなくてはならない。紙幣の洪水は私のものとあなたのもの、貸し手と借り手を逆転させた。しかしこの前代未聞の眩暈を、引き下げによって再び改善させることなど決して出来ない。それでは新たな不正を作り出すだけだ。国民経済がフル稼働するためには、保証された価格としての通貨が必要なのだ。そしてこのフル稼働なくしては債権者の状況は改善しない。価格の引き下げは、まさにその目的の反対の方向に向けられる。欺かれた者を価格引き下げや「デフレ」によって「救済する」試みは、債務者を倒産させて最後の資産まで奪ってしまう。通貨とは価格が一度獲得した高さを堅持することを意味する。労賃、給与、賃金と価格との適合は経済の展開に委ねなくてはならない。給料は需要と供給によって自然なランク付けがなされる。その際、一〇倍に上昇した生活費に個々のケースで労賃が適合するかどうかは、個々の産業部門の状況が決定する。たとえば裕福な人々の特別な需要で動いていたような産業は、次第に裕福な人々が消え去ることで（自由地・自由貨幣改革の効果として）新しい関係に適合しなくてはならない。そしてそうした変化は、子会社の労働者を含めてお互いの損失なしに行われなくてはならない（資産経済の廃止後裕福になることの出来る人は個人的な努力か特別な才能によるのであって、他人の搾取によるのではない。この可能性は誰にでも与えられている。全体の幸福は可能であるが全員が裕福になることは不可能だ)。

洞察に欠ける人はまだ反対するだろう。しかし前に述べた意味での解決しか方法はないのだ。国民経済がフル稼働することではじめて豊かになることのできる労働階級が、財政健全化のためのこの基本要求について一致出来れば、国や県や市町村の財政収支を新たな紙幣の発行なしに健全化することが出来るのだ。そして、国民と個人経済のすべてに亘る経済を健全に保つことができるのだ。戦争、国、地方の債券を償還するためには、十分に大きな資産を引き渡さなくてはならない。この資産引渡しがなされない限り、国内の誰も何をしているのか誰のために働いているのか分からない。この不確かさは力を削ぎ、人々が恐れている資産の引き渡しよりもひどいものとなる。この資産引渡しは即座に決定され、実施されなくてはならない。

財政について我々は次のように提案する。戦前のドイツ国内の資産はヘルファァリッヒによれば、三五〇〇億マルクもしくは三五兆ペニッヒに達していた。現在では一マルクは一〇ペニッヒに引き下げられており、この状態が保たれ、戦争がこの資産に手を触れることなく、ドイツ国土の大きな部分が引き裂かれることがなかったのであれば、現在のドイツの資産を三兆五〇〇〇億マルク(国立銀行銀行券で)と査定することが出来る。

算定に当たって徴税台帳だけが使用されたため、ヘルファァリッヒの査定は実際とはかけ離れて低くなっている。フランス人が国土の一〇％に満たず大都市を含まない荒廃した地域に対して、すでに千億金フランの賠償金を要求し、この地域から安全のために運び出された家具も資産も何一つ残ってないとしたら、フランス全土では一兆金フランとなるだろう。この計算によるなら、ドイツ内の資産は一兆五〇〇〇万金マルクと見積もらなくてはならない。

戦争がもたらしたドイツの資産の損失を五〇％と計算するなら、現在ドイツの資産は、ヘルファリッヒによれば一七五〇億金マルクもしくは現在で言う一兆七五〇〇億マルクとなる。住居や株式、土地や農地に実際に支払われた金額を合計すればもちろんこの総額になるのだろう。しかし五〇％減額してもまだ足りない。資産対象が現在では八％で計算するところを四％しか資本化されていなかったためである。その他にも住宅政策（家賃の値上げ禁止）が一〇倍に跳ね上がった建設コストに、地価が自然に適合することを妨げている。加えてその周辺ではいまだにインフレの解消が予想され、状況の不確かさによって、多くの人は着たり食べたりできない資産対象よりも現金の方を評価するようになっている。流動的な資産を不動産として確かなものに出来る人の数は夥しく後退したままだ。（証拠＝高い利息）おそらく資産目録は現在のコストに基づいて算定されてはいないだろう。

一〇倍に膨張した商品価格が商品生産材料を一〇倍に膨張させることを妨げるこれらすべての事情は、我々の政治的財政的経済的状態の健全化によって早々に消え去る。自由地・自由貨幣政策の基盤の上に経済を国際的にフル稼働させることが出来れば、利息を慣れ親しんだ状態である四％に抑え、すべての生産材料の相場を商品価格と一致させる。つまり、戦前の一〇倍の状態にするのに三〜五年あれば十分だ。そうすればドイツの資産は、（ヘルファリッヒによれば）再び三五〇〇億金マルクもしくは三兆五〇〇〇億一〇ペニッヒマルク、もしくは離れた地域であれば、現在およそ三兆マルクの価値となるだろう。

この計算は、ドイツ国民の生産力が前述したように予想される過渡期の後、ヘルファリッヒが計算を行った時期と再び同じになることを前提としている。そしてさらに労働時間を八時間に抑えることで、賃金が生産に対してこれまで同様の関係に留まるよう、生産に影響を与えない事を前提としている。過大な額を必要とするすべてをあの三兆という合計額に抑えなくてはならない。

平和時の価格状態の一〇倍の通貨の調整や、待ち望まれる資産インフレ（貨幣に換算された国民資産）へと向かう経済が、再びフル稼働することで、かなりの確実性で現在の価値で三兆―三五〇〇億＝二兆六五〇〇億マルク見込むことが出来る。これは国、市町村債務の一〇倍である。

戦前すでに、所謂「増価」として国家の需要に対して利用を探っていたこの資産の増大を、今我々は資産の引き渡しの財政のために用いる。それはまさに国、市町村財政の健全化のために犠牲となる、国民資産という四肢の切断の痛みを鎮めるために打って付けの薬となる。

私は次の提案をする――

家賃などに対する法的な規則、限度は例外なく引き下げる。だれもがこれまでの様に商品を労賃、給料、家賃、借地料等として、市場の状態に従って望むだけ求めることが出来なくてはならない。端的に言えば「需要と供給」が再び制限なく価格、労賃、賃金を支配すべきなのだ。人々の経済はかつてのように市場の関係と一致し、再び万人のものとなり、誰もが理解できるものとなる。

この全方位的な解放によって始まり、全般的な経済状態の改善によって進む資産インフレーションにより家賃、借地料、配当金、あるいは類似した不動産において、目標としうる剰余の四分の三が資産譲渡として引き渡され、国や地方の財政に貢献する。そして四分の一はそれでも資産として残される。株主はこれまで通り合理的な規定によって最高の配当を得ることができ、家主は獲得可能な最高の状態を続け、農夫も地代の利益をあらゆるこつを使って実現するだろう。私欲や儲けにあずかることが出来るというバネによって誰もが活動する。不注意かその他の理由で、全般的な展開に比べて借地料を適合させるだけに留まった所有者たちには、資産の引き渡しの後に一ペニッヒも残らないだろう（国の東西での一般的な経済上昇はまちがいなく一様ではなく、借地料も不均等に上昇するからだ）。

借地料値上げから国庫に引き渡される部分は、国の継続的な支出を補うために月ごとに支払われる。地方の土地所有においても同じだ。国有地借地料を上昇させることができる地代が、地代上昇を評価するための良い手本となる。

株式会社では、最高七五％を国庫に納付しなくてはならない。新株公布による配当金は、平和時の額に薄められて資産引渡しの徴収が行われる。（この新株は、連合国補償から生じた海外での負債の返済に優先的に使用される）。

資産の膨張状況とそれに伴う国への引き渡しを公に監視するためには、それぞれの家の前の道に、家賃と支払われた引き渡し額を書いた札を掲げる方法がベストだ。畑などもそのように行うことで、どこで収税金庫の損害を生む不正取引が生じたのかを簡単に知ることが出来る。

個々の資産膨張の増加を前もって見積もったり、ましてやそれを評価することなど不可能であることは、ここでもう一度強調される必要がある。不動産価格を決定するすべての要因は戦争、強制経済、労働党政治、通貨によってそもそも自然な序列からかけ離れてしまった。資産引渡しと不正取引を幇助する紙幣経済の終了後は、借り手も愛好家もほとんどいなくなるような「高貴な」別荘よりも、たとえば一般的な労働者階級にあたる質素な借り手のための小さな住居の方が、資産膨張は素早く起こる。高貴な別荘は、外国から引き渡しを求められでもしない限り貸すことは出来ないだろう。いかなる資産膨張もない代わり引き渡しもない。多くの産業の支店支社についても同様である。特に全ての建設現場においてそうである。今後五年～一〇年、ドイツでは建設は行われないだろう。いずれにせよ家賃の上昇が十分なものとなって、一般的な地代が一〇倍に跳ねあがった建設コストを支払うことが出来るようになってからの話だ。そしてその利息を稼ぐことが出来なくてはならない。このことは自由貨幣を早期に国際的に導入出来るかどうかに掛っている。いずれにしても現在のような八%の利息と一〇倍の建設コストインフレにあっては、四%を基本に動く平和時の家賃率は、新築で儲ける前に一〇倍ではなく二〇倍とならざるを得ない。

こうしたさまざまな理由から現在不動産を評価し、統一した基準で算出した課税額を課すことは出来ない。先ほどの提案により、個々の資産対象に対応する事情をすべて考慮することが出来る。資産引渡しは決まった額を徴収するものではない。時とその額によって変動する資産膨張への富裕層の関与をもとに徴収するのだ。税の徴収は種まきの時ではなく刈入れの時に行われる。資産膨張が実際に完結し、金庫に金が置かれた後で引き渡しが行われる。いかなる工場も抑圧しない。戦争からなかなか立ち直れない工場に手を掛けるようなことはしない。誰にも経営資本からの撤退を求めない。

商品の性格を持つ資産対象からはいかなる資産膨張税も徴収しない。こうしたものは既に値上げしてしまっているからだ。これらの対象には一般的な資産引渡しが行使される。商品資産の内、譲渡しなくてはならない部分に対して、商人たちは長期で利子つきの手形を振り出すだろう（良い信用の基盤を与えることの出来るこうした手形を、国も同様に連合国の要求償還に利用できるだろう）。

例を挙げて説明する

例一　一〇〇〇万の資本を持つＰＦＴ株式会社は、平和時に年平均五％の配当＝五〇万マルクを支払っていた。

紙幣の洪水により現在九〇％薄められた貨幣で利子を支払い、償還して五〇〇万の債務を処理したことで、特に有利に働いた。これだけでも債権者を犠牲にすることで徐々に配当に現れるに違いない四五〇万を獲得したことになる。戦時商品から平和商品への度重なる事業の転換にも拘らず、また上昇する賃金や材料費、ストライキ等々にも拘らず、台帳価格に算入される出資額の一〇％つまり一〇〇万の企業余剰金を持つことになる。

法律によれば、個々の株式に五％の平和時配当が分配される新しい株式が発行されなくてはならない。この新しい株式の七五％を国が持ち残りを株主が持つ。

一〇〇〇万の一〇％の残余金　＝　一〇〇万
ここから五％が株主へ　＝　五〇万マルク
新株の二五％が株主へ　＝　一二万五〇〇〇マルク
新株の七五％が資産引渡しへ＝　三七万五〇〇〇マルク

株主は五〇万金マルクの代わりに、現在六二万五〇〇〇マルクの紙幣もしくは旧価値で六万二五〇マルクを持つことになる。

例二　別荘建設で五〇〇〇万マルク売り上げるＲＮＴ株式会社は、戦前と同じく四％の配当を支払うだけである。戦争で破壊され、別荘は良くても賃貸されるだけとなり、なんとか平和時の価格に届くだけだ。株主に配られた二〇万マルクは、実際のところ二万金マルクに過ぎない。ここでは国はまだ何も回収できない。三年～五年の内におそらく家賃が上昇して、贅沢な別荘に建て替えて儲かるようになる。そうなればおそらくここでも膨張余剰金が生じて、何がしかが税に残る。

例三　家主Ｎは平和時に三部屋の住居を一〇〇〇マルクで貸していた。残りの減価償却と維持費を差し引いた九〇〇マルクが残った。小さな住居を求める紙幣の詰まった財布を持った借家人たちのお蔭で、賃貸料を何倍にもすることができる。

彼は今や、その住居によって一〇〇〇でなく四〇〇〇マルク得ることができ、減価償却に八倍高く支払い、維持費に八倍使わなくてはならない。一〇〇でなく八〇〇マルクだ。こうして残余金が残る。

残余金が	三二〇〇マルク
ここから元々の残余金を引く	九〇〇マルク
すると残りは	二三〇〇マルク

国が七五％取り　　　　　　　　一七二五マルク
家主が二五％取る　　　　　　　　五七五マルク
家主は以前九〇〇金マルク持っていたが、今では一四七五マルク紙幣を持ち、これは市場で一四七・五金マルクの価値がある

目的をもって設けられた資産引渡しは期限付きのものとなる。この目的が叶えば、つまりすべての戦争債務、連合国の要求が償還出来、土地の国有化によって生まれた国の借金が片付き、戦争と紙幣経済によって健康被害もしくは経済被害をこうむった人々に、一般的な経済状態に見合う形で配慮できれば、危機状態の終わりが近づくにつれ、すでにあらかじめ終了している膨張税を完全に廃止することが出来る。

一〇倍の膨張による税は額によって区分される。ある株式会社が平和時の配当を抑えることなく一つの古い株に対して九の新株を発行し、この新株の七五％を国へ納めれば、この株式会社は更なる引き渡しを免れることが出来る。

家主や農場主の場合も同じように処理される。家賃と地代が上昇する内、国は平和時の家賃の九倍分にだけ関与する。それ以上は家賃が更に上昇しても国は関与しない。そして特別の状況にあってもドイツ通貨局が平和時価格の一〇倍にしっかりと留めるため、価格膨張として追加されること

はない。

株式会社では新株の引き渡しによって、先ほど述べた範囲で利息と負債を償還する。国は新株を連合国への賠償金の償還のために売却する。この株式の所有者は株式会社資本の共有者だ。家主や農場主では、資産引渡しが前に述べた形で終了した場合事情が異なる。その場合、国有資産引渡しの利息だけが対象となる。引き渡しは、つまり利息として抵当権負債と全く同じように行われ続ける。全ての国債、地方債、戦争公債および土地国有化のための公債の償還のため、また戦争によって傷ついた人々と、戦争と紙幣経済により経済的に蒙った犠牲に対して、国が負う財政のためにさらに次のような提案を行う。

先に展開したプランによる資産膨張によって湧き出で、それぞれの膨張から七五％もたらされ、すべての貸し家、農場、工場資本が徐々に平和時の一〇倍に上昇させる国の収入によって、まず国の特権的な債権者、すなわち戦争と革命、紙幣経済によって危機に陥った全ての人々が救済される。正規の利息である五％までの残りで戦争公債の利息が支払われる。当面それで賄えない場合は、最初にわずかにしか支払えなかった分、後に増加した収入によって補えるように利率を下げる。迅速に増える残余金が、戦争中そして戦後に生じた国と市町村の借金の償還に使われる。こうしたことがなされたなら、即座に残余金は土地を国民の資産に戻すために使われる。所有者には平和時の評価により全額現金（残余金から）で支払われる。

ミツバチたちが花を傷つけることなく蜜を吸うように、税機能も働かなくてはならない。そして税の収穫は多くなくてはならないが、徴収コストは低く抑えられなくてはならず、それぞれの納税者個別の状況を算定しなくてはならない。起業精神を妨げてはならず、仕事の喜びを妨げてはならない。意図した目的を遂げなくてはならない。種籾からではなく収穫から受け取らなくてはならない。前述した資産膨張税は、これらすべてに配慮することが出来る。

その主な長所は、税に対してまず求められる最も重要な要求を、これ以上ない形で満足させることだ。債権者の犠牲のもとに債務者たちに生じた全ての利益が薄まることは、後に全員の幸福を生み出すことになるため正当なものなのだ。

資産膨張の展開と限界（インフレーション）

資産膨張（インフレ〈紙幣の洪水〉に対して、ここでは同時に不健全な状態を表す言葉として膨張を充てる）がどのように起こるか、主な有価財 - 建物資本、特に貸家の場合についてひとつのイメージを作ってみよう。

まず戦争によってこの貸家資本が追い込まれた状況を思い起こす必要がある。紙幣の洪水によって生じた居住空間への新たな需要に合わせて、家計も一般的な膨張（インフレ）を行おうとするのを一方的な法的介入が妨げていた。そして今、所謂「保護法」が撤廃されれば、突然家賃がその本来の高さへと高騰すると多くの人々が信じている。しかし本当にそうだろうか？ 我々は何を以て「自然な家賃」と考えているのだろうか？

もし新築する建設コストに市場利率で上乗せすれば、つまり企業家が借り入れた建設資本の為に支払わなくてはならないだけの利息分を、家賃収入が生み出す利益から得ることになれば、家賃は自然な額となるだろう。

賃金と原材料費はこの前の章で設定した前提により制限されてはならず、最初に展開した理由により制限されることも出来ない。そのため新築建設コストは戦前のコストの何倍にもなり、建設費のこの倍増によって企業家はさらに二倍の家賃を要求するはずである。なぜなら一般的な利率が戦前の二倍の高さとなるだろうと我々は考えるからだ（合衆国で最近売却された一億二五〇〇万フランのスイス国債は、年利九・一％の二〇年物だ）。

建設費が一〇倍上昇し利率が二倍となれば、建設の再開を考える前に一般的な家賃が戦前の二〇倍に跳ね上がる！

建設地を含めた全ての建設コストが、同様に上昇するという事を前提とすれば、この計算は多少の正当性を持つ。しかしそれでもそうはならない。その反対であり、それどころか建設地の需要が減ることでその価格は上がるどころか戦前の価格以下に下がり、一般的にジャガイモ畑より高くはならないことが予想される（このため建設地からは資産膨張税を取ることが出来ない）。

こうしたことから、上にあげた「自然な家賃」になり建設が再開するためには、家賃は次のように上昇しなくてならない。

戦前の貸家のコストを次のように仮定する

土地代　二万マルク

建設費用　八万マルク＝計一〇万マルク

儲けを出そうとすれば

この家を貸すには少なくとも四〇〇〇マルクの利息を課す必要がある

将来同じ住居のコストは

土地代にわずか　一万マルク

しかし建設費用には　八〇万マルク＝計八一万マルク

そして二倍の利率＝八％が賃貸で生じる

六万四〇〇〇マルク、すなわち戦前の一六倍となる

国民経済がフル稼働に戻るように、利率もまた早晩、つまり三年〜五年の間に七〜四％に、そして自由貨幣の全体的な導入によって三〜一そして〇％に下がることを期待できるとすれば、賃貸可

能限度もその割合で下がる。しかしまず賃料が前述した一六倍とならなければ、住宅は建設されないだろう。建設されなければ、住居不足が現実の物となる――この不足が借主に戻ってきた贅沢さによって、住居需要へと、より高い家賃へと転嫁される。

たった八倍にだけ上昇した賃金と一〇倍に上昇した生活水準で家賃を一六倍に上げることが出来るだろうか？ 誰もが間違いなく否定するだろう。多くの理由の中から幾つか挙げるなら、家賃は少なくとも最初は、戦前求められたように借主の収入と同じ割合で上昇することは出来ない。それ故賃金が戦前の八倍に達したとしても、家賃はこの八倍以下にとどまるだろう。戦争によって持ち去られた貯蓄銀行の預金、また同様に持ち去られた家具什器類、下着、衣類、ひどく低下した身体能力などの再建が、戦前以上に各家庭で配慮されるようになった。これらすべては、収入を生まない住居への支出を犠牲にしている。戦前のように収入の最高二〇％を住居費に充てる代わりに一五、もしくは一〇％、あるいはもっとわずかしか充てることができなくなっている。端的に言えば、食事のために家賃を節約し、そしてその他と同様、今度は台所で「身分相応の」住居のために節約するのだ。

こうした事情を反映した借家膨張を次のように見積もった

労働者住居

労働者賃金　一〇〇〇マルク

この内二〇％は家賃　二〇〇マルク
八倍の賃金膨張で賃金上昇　八〇〇マルク
この内、一〇％だけ家賃として支払うことが出来る　八〇〇マルク

つまり労働者住居借主の家賃支払い能力は、四倍の膨張による自然な限界にすでに達している。国民経済の全体的な状態が賃金を一〇倍膨張させ、個人経済の状態が労働者の収入の二〇％を家賃に使うことが出来るようになって初めて、家賃膨張はこの限界を超えることが出来る。そして一五倍の膨張で八％、七・五倍で四％の利息となる借家を新築することが出来るラインに近づく。

役人の住居　労働者住居の場合、すでに価格膨張の背後で賃金膨張が取り残されているのであれば、より給料の高い役人の場合もっとひどくなるだろう。この事態は危機状況が残る間続くだろう。おそらく、国が給料の改善によって希望者を引きつける必要が出るまで続くだろう。そのため、戦前一万マルク以上収入のあった給与所得者の所得膨張を四倍にとどめた。

		その内の家賃	マルク
役人の戦前の所得	一五〇〇〇	二〇％	＝　三〇〇〇
四倍の膨張	六〇〇〇〇	一〇％のみ	＝　六〇〇〇

つまり、このより良い住居は二倍の家賃膨張ですでに家賃支払能力の限界に至っている。この値は役人の個人経済状況（つまり家財の再調達と貯蓄）が所得の二〇％を住居目的の支出に再び充てるようになれば四倍に上昇する。しかし当面の間、すでに述べた理由から建設のために欠くことの出来ない価格膨張に達することは出来ない。

「贅沢な」あるいは金利生活者の住居部分では家賃膨張を生む状況は望めない。こうした住居から国は一ペニッヒも膨張税を取ることが出来ない。そして所有者から直接税を取ろうとすれば、何千ものこうした贅沢な住居が「価値のない」ものとして譲渡されてしまうだろう。裸の黒人たちにとってこぶしの大きさのダイヤがイチジクの葉の値打もないように、将来、貧しいドイツ人の国では贅沢な住居も同様なものとなるのだ。固定金利証券（戦時公債、抵当権、債務証券、貯蓄銀行通帳）という資産を持つ金利生活者からはいかなる膨張も望めない。

地代生活者の危機の際、所謂農業の危機を年金生活者保護税で予防しようとしたような国の助成がなされるべきである。ドイツの金本位制擁護のためのヘルファリッヒの組合を、完全に信用した貧しい金利生活者の多数の死を防ぐために早期に行わなくてはならない。それでもそうしたことが可能になるのは、財産引渡しによって国の財政状況全体が強化されてからだろう。

市場が許す範囲で全く個別に得られる膨張を共にした金利生活者のそれ以外の資産は、この財政健全プランによって膨張の四分の三を国へ求められ、こうした資産膨張は所有者にとって結局三・五倍しか上昇しない。

戦前の資産	一〇〇マルク
一〇倍の膨張で	一〇〇〇マルク
九〇〇マルクの膨張に対する税＝四分の三	六七五マルク
所有者に残るのは	三二五マルク

つまり金利生活者は一般的に例外なく、価格の一〇倍の膨張に見合うように多くの制限を課せられる。そして労働者階級へと向かうこの動きは、まず贅沢な住居に現れるだろう。ドイツでは誰一人贅沢な住居、「高貴な別荘」を手入れするために下男を雇うことはできないだろう。こうした建物は分割され、改築によって必要な収入として当面八％見込むことができれば、賃貸膨張の対象となるだろう。そのような贅沢住居の借主は家賃に圧力をかけられるうらやましい状況にある！　憤慨すべきその状況を借主としての状況が改善するだろう。彼らは何事につけ、住宅市場のこの状況を家主への膨れ上がる圧力として十分に利用するだろう。家賃を上げる代わりに下げ、そうした家の所有者は膨張税を納める代わりに緊急措置を求めるだろう（ここで私は、この哀れな悪魔たちを、当

時危機に苦しむ地代生活者を憐れみ、プロレタリアートを犠牲にして穀物関税に踏み込んだアドルフ・ワーグナー博士が名誉代表を務めるドイツ土地改良協会の擁護のために推薦しよう）。
（おそらくここで扇動者たちは、この財政プログラムを攻撃できると思える箇所を見つけてこう言うに違いない。労働者の住居費は税務署と家主のために四倍上昇する。収入の多い役人の場合二倍だけであり、金利生活者では引き下げられる！　これが民主主義か、社会主義的か？と。しかし賃金が八倍となったのに対して給料は四倍だけ、そして年金は多くが全く上がらず、その他の人々は三・五倍～一〇倍上昇した家計に対して平均して約二倍しか上がっていないことを知れば、彼らは押し黙るだろう）

この計算により我々は家賃膨張に期待する

労働者住居で戦前の四倍

中流の住居で戦前の二倍

贅沢な住居では逆に後退。

戦前、これらすべての住居の建設費は同一の利益を生む同じランクのものだった。戦争がこの秩序を壊したのだ。

このため、資産膨張税の収益を見積もるのに、戦前帳簿にあったように安易に建物資本の合計を利用することが出来ず、これを区別する必要がある。戦前のドイツでは住居資本は千億金マルクを超えていた。これを具体的に大きく次のように分ける。

住居資本	小住宅	中流住宅	高級住宅
戦前	五〇〇〇億	三〇〇〇億	二〇〇〇億
膨張による増加	三〇〇%　一兆五〇〇〇億	一〇〇%＝　三〇〇〇億	〇%
国による膨張税	七五%　＝一兆一二五〇億	七五%　＝　二二五〇億	
合計　一兆三五〇〇億の住居資本			

この見積もりを、ここで住居価格だけにとどめなくてはならない。産業資本の場合にも、この同じ一般的視点が適用できる。即ち一〇倍に跳ね上がった建設費に対して（当面の間）二倍となった利率に対する利益も上がらない新しい工場は建設しない。このため今後工場不足が生じ、早晩再び収益性が生まれる。いま既に製造物価格は殆ど一〇倍もしくはそれを超えているため、配当が一〇倍の膨張に対応しないのは、原材料を調達できず錆びついた機械でいつまでも続くストライキと、労働者、技術者、商人たちが戦場に残されて不足しているという戦争によって作り出された全体的な状況によるためだけなのだ。この膨張は必ずやって来る。産業で建物や機械などの黒字が一〇倍として記帳され、この一〇倍となった資本から五%の正規の配当が配られる。そこから我々の提案

では、新株と言う形で四分の三が国の、四分の一が株主のものとなるはずだ。

戦争による疲弊の少なかった農業資本では、資産の膨張は、最高値抑制と、下がり続ける価格後退への脅威を取り除くことで、すぐに高止まりに達するだろう。土地と建物の場合、利息の一〇倍の上昇が道を阻んでいるだけだ。利息さえ下がればすぐに後を追い、国は最初の資産膨張税を獲得することが出来る。

膨張が出来るだけ緊急に進んで終了し、膨大な負債のある税収金庫が満たされることが、財政健全化のため、紙幣経済からの脱出のため何よりも重要だ。家賃についてはおおよそ次のような流れを想定している。

賃貸契約が解除され次第、家主は新たな要求を突き付ける。多くの場合二倍にしようとする。現在の一見した印象、つまり国の方策に起因する「住居不足」によって他の住居が見つからないことを恐れて、おそらく大多数の人々がとりあえず家主の要求を受け入れるだろう。別の理由から住まいを変える必要のある全ての人々はこの要求を退けて他の住まいを探す。ここでは再び無産階級へ向かう傾向が現れる。それまで一〇部屋持っていた人々は資産状況の悪化から五部屋で我慢するようになり、五部屋持っていた人々は一〇部屋ある住居を探して、そのうちの八部屋を貸し出すことで、それまでは必要なかった副収入を得ようとする。こうして多くの住居が空き家となり、現在の「住居不足」を解消するだけでなく更なる膨張を邪魔するように感じられるほどの余剰を即座に生みだす。このことは膨張税が稼働を始めるやいなや、貧しさへと向かっている人々が一挙に無産階級へとなだれ込むことでさらに顕著となる。そうなれば再び、まず多くの家主が空になった住居に借主を引き寄せるために家賃をいくらか下げることとなる。

戦争による緊急事態から国民経済のフル稼働へと移り、労働生産品が再びかつての規模を取り戻せば、農業でも工業でも真に経済的な根拠を持つ六倍の膨張が生まれ、さらに発展する。

肝心なことはすでに述べたように前の章で挙げた政治的、財政的、経済的要求が実現するかどうかによって展開が速くなるかゆっくりになるかということだ。またもう一つは、この展開が個々の価値によるだけでなくひとつの都市全体、地方全体によっても不均一に進むことだ。

しかしまさに今日、資産対象に対して均一に課税し、あるいは資産引渡しを評価することが不可能であるため、膨張税はひとつの幸運な、言ってみれば唯一可能な解決策となったのだ。患者にとっての良い医者のように、我々の病んだ資産対象をそれぞれの特性に従って扱い、種まきからでなく収穫から回収する。更には収穫からでさえなく、事業の余剰金から回収するのだ。

ドイツ通貨局

（a）通貨とは、全般的な商品価格状態の継続的な保持と考えられる。一定のお金（賃金、給与、年金）で今日も明日もいつでも一定の生活用品を買うことが出来るということの中に、その正確な表現を持つ。ここで肝心なのは個々の商品価格の維持ではなく、個々の価格が上がろうが下がろうが平均価格だけを問題にしていることを良く分かってほしい。

（b）こうした通貨にはただ繰り返される取引、お金の管理としての働きを期待することが出来るだけで、金本位制理論の代弁者が受け取っているように物質的な性格は持たない。言い換えればこの通貨は、静的なものでなくダイナミックなものとして考えるべきなのである。

（c）こうした貨幣管理は以下の主要事項によって行われる。

1　前に述べた商品平均価格（所謂指標数値）統計値の継続的な調査

2　貨幣流通の平均価格への継続的な適合。この適合の目的は、価格を引き締める際には流通紙幣量、あるいはその流通速度、あるいはまた貨幣兌換財（為替）を制限し、価格後退の際には逆に強化することである。全般的な価格状態は、出発点から離れるたびに再び引き戻される。ドイツ通貨局が貨幣管理を監視し相応しい対応策を行うことで、価格はより速く通常の状態に戻るはずである。ドイツ通貨局の仕事を舵手の仕事に譬えることが出来る。舵手は嵐や凪によって絶えず航路から外れる船を、反対方向へ舵を切ることで望む方向へと引き戻すのだ。

（d）この貨幣管理の科学的根拠は修正された「貨幣数量説」である。つまり商品価格はいつでも必ずどれだけの貨幣がやりとりされ、いかに早く流通するかにかかっているということである。通貨管理局が貨幣を（c）に述べた方向へと管理する限り、（c）で求められる貨幣管理、通貨政策の実行不足以外に、全般的な価格状態を変化させる原因を入り込ませることはできない。つまりそうした変化は、もはや商品供給の見込みによっては生じず、ドイツ通貨局が商品供給による影響を貨幣供給で調整することが出来る。例えば生産技術の改善や対外輸送の強化等々がある場合は流通貨幣の増量によって、反対の影響がある場合には、その減少によって調整する。いつでも貨幣供給を無制限に縮小あるいは増大させる権限をドイツ通貨局が持っていれば、どのような状況が起こっても目指す目的に到達できる。

ドイツ通貨局の武器

ドイツ通貨局はすべてのものから独立している。たとえ財務大臣が貨幣発行を要求した場合でもこの独立性は保たれる。国の貨幣需要に対しては、状況によって国民経済制度の範囲内でドイツ通貨局が保証する。ドイツ通貨局は紙幣を発行し、国立財務省は税金を施行する。ドイツ通貨に対して人々が疑いを持たざるを得ないような事態が二度と起こることのないように、必要な具体的法的手段がドイツ通貨局に賦与される。こうして投機取引は根絶やしにされ、取引は確かな地盤で展開することになる。

この目的のために、ドイツ通貨局は紙幣を額面で発行する無制限の権利のみではなく、自由貨幣と言う手段を用いて発行した紙幣の流通速度を指揮監督する権利も有する。ドイツ通貨局は、通貨政策の貨幣の量と流通速度という両方の手綱を手にすることで無制限の力を持つことになる。自由貨幣が目指し、そして獲得することとなる貨幣の閉じたサイクルにより、価格を決定する二つの推進力の内のひとつである貨幣の流通速度は確かなものとなり、もうひとつの推進力である通貨量として、無制限の紙幣の発行と紙幣の焼却がドイツ通貨局の手にしっかりと委ねられる。

それに加えて、貨幣兌換券（為替）の取引もドイツ通貨局の下に置かれる。通貨のために必要なものとドイツ通貨局が判断するかどうかによって、為替印紙税の導入、上昇、割引もしくは除去により為替取引は強化され、あるいは制限される。国の収入への配慮が為替印紙税に反映することは許されない。この税は通貨の技術的な目的にだけ資さなくてはならず、その利益は絶えず国庫に注ぎ込まれる。

現在の異常な状況が続き、ドイツ通貨局が利用できるすべてを通貨政策に用いなくてはならない間は、一時的に巨額の現金が商品取引から遠ざけられることが懸念される宝くじのようなものもドイツ通貨局の管理下に置かれることになる。

今日、まだ根強く蓄積されている紙幣が時局に逆らって市場に帰還することでドイツ通貨局の処理を妨げてしまうことのないように、必要と認めた場合そうした巡回を封ずることが出来るよう、ドイツ通貨局は外国通貨建て債券を発行する権利を有する。この公債は国の財政から完全に切り離されてドイツ通貨局が独自に管理する。

指針となるべき商品価格統計の出発点として、戦前の価格状況（指標）を一〇（一一〜一五？）倍したものが使用される。つまりドイツ通貨局は価格自体を引き下げるのではなく、通貨を誘導することによって目指す高さに価格を下げ戻し、あるいは目指す高さに引き上げるのだ。

すべての賃金、労賃、給与は、国民経済の状況が許せば、時と共にこの価格を自然な、統制経済によって妨げられる前の状態に適合するようになる。戦争で弱められたドイツ国民の生産力は当然それに応じた低い労働報酬となる。この豊富さが二〇％低下したとすれば、労賃、給与は一〇倍に上昇した全般的な価格状態より同じだけ低く停滞する。

ドイツ通貨局の資本

紙幣は一定の期限に受け戻す必要のある借用証書ではない。我々はいつまでも貨幣を使用してゆくのだから、国民に払い戻しをして紙幣を破棄する、と銀行券に華々しく刻印して約束する合理的な意味はない。我々が実際に必要とするのは、貨幣が決して償還されないことである。償還もしくは破棄の約束は、ひとつの脅しであって安心ではない。それは実際、取引が中止になる最強の脅しとなる。すでに何度も脅された価格の低下は、銀行券に刻印された償還の約束が無意味であることを示してくれた。償還を求める同じ理由から、鉄道で旅する人の安心のために楽しい旅が終わった後は線路を「償還」して線路を取り外す約束をしなくてはならないだろう。この償還の脅しの代わりに、紙幣はその流通がいつでも厳格に市場の需要に適合することをドイツ通貨局の義務として法的に定めるべきだ。それ以上の事は必要ない。それ以外の事をしようとすればこう書くことも出来る。ドイツ通貨局での窓口業務は行われておりません。償還は商店や取引所で取り扱われている商品や仕事に対して市場で行われる。商品はこの貨幣券に対して所有者に与えられ、所有者は商品を求めることが出来る。ドイツ通貨局自身が商品を持つわけでも、金も、金庫も、銀行の貴重品室も持つわけでもない。ドイツ通貨局は銀行券発行の占有という武器を使って、貨幣券を得るために渡さなくてはならなかっただけの商品をいつでも買うことが出来るように市場の状況を整える。個別のケースで当てはまらない場合があったとしても、全体的、平均的には同じ、もしくは類似の生活用品をいつでも同じ額で支払うことが出来る。

貨幣余剰が生じたときには、取引から回収するために通貨政策に必要な手段が採られる。価格変動を生み出す主な推進力である流通速度の不均一さを安定した速さへと変化させる、自由貨幣によって生まれる貨幣の閉じたサイクルのお蔭で、商品が価格に与える影響のバランスを驚くほどわずかな手段で取ることが出来る。こうした手段として、手形、為替、海外貨幣が挙げられる。商品、特に世界貿易の商品、それに銀や金までもがこうした役割を果たすことが出来る。国債証券（外国通貨建て債）の売却と償還、付加税や減税、それに上述した手形印紙税もドイツ通貨局の資本として数えることが出来る。

今日の国立銀行法が言うような保証は不要となる。これは株式会社ではなく国立の機関なのだ。ドイツ通貨局の銀行券の保証は、どんなに高価なものとみなされようが、例えば今のドイツでのように、いつでも、ほとんど可笑しいほど価値を失くしてしまうような死んだ財宝（金）ではなく、あらゆる財宝の中でも打ち負かされることのない源泉、市場に商品を送り込み、最終的に真の貨幣の需要を呼び戻す分業なのだ。貨幣とは結局、分業の成果に対する交換手段以外の何物でもないのだ。分業こそ銀行券の保証であると同時に、ドイツ通貨局の資本となるのだ。ドイツ通貨局は一〇倍の膨張（インフレ）にあっても現在の銀行券の量をそのままにできるだろうか？

困難を鑑みて、場合によっては外国通貨建て債によって巨額の銀行券を回収できる、ということについても短く触れよう。

戦前流通していた貨幣（硬貨と紙幣）を七〇億、もしくは現在の縮小された領域のドイツ貨幣で言えば、六〇億と見積もることが出来る。全般的に生じた労賃、賃金など、全ての価格が一〇倍に膨張した現在の銀行券流通に対応するものだ。価格に影響するその他のすべての状況が変化していないとするなら、一〇倍の価格高を維持するのに必要な、凡その貨幣総量が流通していることになる。そうなれば何一〇億多いか少ないかと言うことだけが重要となる。

その他の要因と共に、価格を決定する推進力は大きく変化した。労働者人口、労働力、労働意欲、労働時間、労働手段が尋常でないほど犠牲となった。一〇〇万の男性が戦場に消え、もう一〇〇万の男性が身体的もしくは精神的不具者として帰還して、自ら働く代わりに一〇〇万人の看護師の労働力を必要としている。数一〇万の我が勤勉な労働者が移民しようとしている。数一〇万の外国労働者たちが再びやって来ることはない。加えてストライキ、為替危機、公官庁による妨害、原材料、肥料、運搬手段の不足、等々による仕事の中断、そして、何より、大きく落ち込んだ工業、農業機材、後進の育成不足、蔓延する不安等々。こうしたすべての事が、大きく進む商品製造の後退の中で明らかになることは間違いない。もちろん他方で何一〇万、いや恐らく何百万のこんなことでもなければ働きに出ることのなかったであろう女性たちが、この危機に際して商品製造に駆り出されている。大きく進む出産率の低下が女性の労働力をも開放した。また恩給受給者、年金生活者として人生を終えようと望んでいた多数の老人たちもまた再び軛に繋がれなくてはならなくなっていることも、ここで挙げておかなくてはならない。

全てを考慮すれば、商品生産は以前の二分の一、三分の一あるいは四分の一に後退すると言った方が良いかもしれない。そして一〇倍の膨張で打ち切りとするためには、膨張した貨幣流通を、それに伴って二分の一、三分の一あるいは四分の一に引き戻さなくてはならない。全般的な信用の揺らぎと、それに伴っていつも何でも現金、つまり紙幣で支払わなくてはならなくなる状況が、貨幣の利用できる領域をさらに広げるよう求めていることに注目しなくてはならない。戦前兌換財や手形、小切手に委ねられていた広い領域を、いま紙幣が取り扱う必要があるのだ。戦前、三〇〇億三か月落ちの手形（年計算で七五億）だけが、一般的な商人の積立金の役割を果たしていた。これをいま紙幣が肩代わりするようになるのだ。この手形の代わりに、取引でそれに相応しい紙幣を用いる。一〇倍の価格膨張では一〇×七・五＝七五〇億、あるいは二分の一、三分の一あるいは四分の一に縮小した商品取引なら、三～五〇〇億となるだろう。かつてはその資金を手形にして金庫に入れていた商人が、利息の損失のために現金による資金で満足するだろうことに、ここで再び注目しなくてはならない。銀行の信用が揺らがなければ取引を「立派に」維持することが出来、大銀行が一行も支払い停止に至るようなことがないのであれば紙幣の洪水は少なくとも良い点を持っている。貨幣が薄まることで債権者から奪われたものによって、国民経済や銀行の赤字が補償された。全体的な崩壊の中にあっても債権者の財布の中にあるお金（一〇倍の増加でドイツの債権者は二〇〇〇億金マルクをかすめ取っているに違いない）で、銀行は配当を配ることが出来た。通貨の完全な安定によりこの「裏金」（いずれにせよ一〇％に疲弊しているが）は二度と許されない。貧しくなったドイツ経済に相応しくないものは全て崩壊する。高インフレに相応しい宴がドイツ経済の難破船で催されることはもうないだろう。こうした蓄えを銀行資産として扱い、これらの資金の総計を再び相応しいものに縮小することが出来る。算出された三〇〇‐五〇〇億に代わり、銀行業務の配慮によってわずかに一〇〇もしくは一五〇億だけ必要となる。

ここで、もうひとつ貨幣の需要を測る際に注意する点がある。それは財務省が国民に「約束した」、あるいは脅した価格の低下を、今日まだ多くの人々が信じているということだ。そして、決定的に多額の金額が蓄えられたまま価格低下が始まらず、むしろ役所がその中止を宣言するのを待っていることだ。価格が下がらず一〇倍に膨張し平時体制に固定されると説明されれば、隠れていた何一〇億が銀行の手に渡り、あるいは直接商品に変えられる。価格が新たな上昇を蒙らないためにはこの衝撃は受け止められなくてはならず、そのためには貯め込まれた何一〇億が市場に供給されたら、流通から回収されなくてはならない。

そして更に次の事も必要である。自由貨幣へ移行することで、強欲な投機資本が完全に廃止されることを計算に入れなくてはならない。取引に必要な貨幣の額は、再び非常に少ないものとなるはずである。そして一〇倍の膨張の中で戦前の状態にとどまろうとするなら、自由貨幣とすることで余剰なものとして回収され焼却されなくてはならない銀行券が、流通全体の半分か三分の二になったとしても驚くには値しない。

こうしたすべての事は、今はまだ見渡すことの出来ない全体の状況次第である。そして場合によって、ドイツ通貨局は先に述べた自らの意のままになる通貨の技術的武器を行使せざるを得なくなるかもしれない。

現在の国の銀行券の保証が、ただテクニカルな意味のものであればよかったのだが！　国立銀行が法的保証として示すものや、その解散に際して資産としてドイツ通貨局に移譲するものからは、通貨の完全な安定の目的のためには何も利用しないことが一番良いだろう。金はフランス人に、銀はイギリス人に明け渡すのだから。国債は簡単に焼き捨てても良い。なぜなら財産引渡しの後の状況の中で、一体誰がまだ国債を買えるほど裕福だろう？　しかし財産引渡しは、その大部分が現金で行われる。国に入ってくる貨幣が焼却されれば、ドイツ通貨局の残りの武器で十分となる。

現在の国立銀行が持っている銀行券発行権利は解消され、今後は次のように行われる。ドイツ通貨局が資産（金資産、為替、国債、借款証券）と負債（国立銀行券）を引き受ける。現在ではもう流通紙幣（五〇〇億）の三〇〇分の一にすぎない一億八〇〇〇万の株式資本は株主に返済される。

為替

ドイツ通貨局には、銀行券政策の実行に対して二つの基準を持つことは出来ない。通貨が安定した価格であると同時に、独自に行動する多くの諸国との間の安定した為替であることは出来ない。為替は全ての国との合意のもとに取り扱われる必要がある。

安定した海外相場（為替）を安定した商品価格状態（指標）と結びつけるという課題は、すべての国がその国の通貨をこのドイツ通貨局の原則に向けて実行することで、はじめて満足できる形で解決することが出来る。つまり至る所で、それぞれの国の通貨政策によって価格全体が保たれていれば、かつての輸出入の関係が重大な変動に見舞われることなく、賃借対照表の残高が商業界の信用標準によってバランスを取るからである。

ドイツの通貨が独自の原則に従うことで適切な成果を上げるのを見て、全ての国々が真似をしたくなるようになるのは時間の問題だろう。為替問題の解決に対して必要なことは、すべての国々の通貨が国際的に通用し、健全な原則によって運用されることだけなのだ。

補遺「アルゼンチンの通貨問題」

アルゼンチンの経験に照らした価格の引き下げ

更に、私は一八九八年ブエノスアイレスで出版した書物のドイツ語訳を載せている。La cuestion monetaria argentina.（アルゼンチンの通貨問題 現代の不況の原因と本質に関する研究）

この著書を書くことになった発端について

一八八五年、金に基づく新しい銀行券が流通を始め、唯一の手段として認定された。そのための金（所謂補償）は外国公債で賄われた。しかしこの金本位制を維持できるような経済が展開することはなく、短期間のうちに銀行券の償還が停止された。当時（一八八五年）アフリカの金鉱はまだ発見されていなかった。そしてアルゼンチンの国産品の価格は、世界中に金本位制が広がって以来、顕著になった圧力の元にさらされていた。「ソフトマネー」原則（高利を生む固いものではなく「柔らかい」貨幣）によって管理されていた古い紙幣（moneda corriente）だった時には、絶えず上昇する金のプレミアムがアルゼンチンの農民と牧畜家たちを国際市場での価格低下から守っていた。国際市場価格が低下してもアルゼンチン通貨は値上がりすらした。こうして、他の（金本位制）諸国で農民や工場主が悲痛な叫びで国の助けを求める中（農業危機）、抵当権債務者、借地人、手形債務者たちは負債を返済することが出来た。

アルゼンチン経済でも、金本位制の導入によって国際市場価格が即座に自国での価格になった。この持続的に低下する国際市場価格はもはやプレミアムという緩衝物なしにアルゼンチン市場に持ち込まれ、ヨーロッパの企業家や生産者を苦しめているのと同じ危機状況を作り出した。急速に成長したアルゼンチン経済は麻痺した。国外移住が移民流入を凌駕し、多くの倒産によって商業上の信用と政府への信用が失われた。恐ろしい恐慌のために国家予算の赤字は継続的に増加し、海外の資本家たちからは怠慢な国家管理と名指しされた。この赤字を本来の理由（金本位制）へと辿るなら、資本家たちのこの牙城は容易にそうした運命を辿り得るということが分かるだろう。アルゼンチンは信用を拒絶された。支払い困難に陥った政府は旧来の方法で銀行券を発行することを強いられた。こうして、流通することになった莫大な紙幣によって商品価格は高騰し、債務者たちは再び息をつき、経済は自由に成長し、移民流入は巨大な広がりを見、国家予算の赤字は消失した。もし金のプレミアム、すなわちあらゆる正確な価格計算を不可能にする投機売買がなかったならば、人々はそれで満足できただろう。昔の負債を恥じるように、人々はこのプレミアムを恥じる。人々はみな、紙幣は国の証書であり、どんな状況であれ必要な事態が起きれば本当に償還されると思っていた。そして（人々が恥じる金のプレミアムのお蔭で）栄える国民経済がそれを可能にした。ヨーロッパでのアルゼンチンの信用は、驚異的に増大する生産のお蔭で金プレミアムにも拘らず再び安定した。こうして人々は国民経済の不備を排し、様々な措置によってプレミアムを「廃止する」ことを決めた。これはまさに、今日ドイツで価格を後退させようとする財務大臣や農民や工場主が行っているのと同じことだ。この措置の重要な部分は、特別な税（輸出関税のように帽子や石鹸や油などへの課税）を課したことだ。こうして得た収益で銀行券を焼却することで貨幣流通を縮小した。

この政策に対する反対はなかった。全国民は歓喜した。金プレミアムが二五〇から次第に〇へと降下することで、自分にも起こるはずの財産の増加を誰もが計算した。現金と兌換財産は二倍三倍となるはずだった。まさにこれは戦時価格で売却した牛や豚の売り上げで買い求めた戦争公債を使って、平時価格で二倍三倍の牛を購入出来るのと同じだ。

この通貨政策の愚かさを国民に知らせようとした書物は、ここで翻訳を載せたLa cuestion monetaria argentina一冊だけだった。この著作を出版した直接的な要因は私自身の経済的な心配だった。私は輸入業の他にも、アルゼンチンの工場を使ってダンボール箱工場を経営していた。進められていた通貨政策が長期間続けば、アルゼンチンの産業も私のダンボール箱工場も、稼働停止に追い込まれることは分かっていた。アルゼンチン議会議員と商人たちの頭の中が、どれほど金に狂っているかを私は知りたかった。痛みに学ぶことで、早晩通貨原則が呼び戻されると期待して良いものかどうか。それが一八九八年だった。

私はこの本をすべての評議員や代議士や出版社といった通貨問題に対する意見を公に述べているすべての人々に、そして全ての銀行や多くの商人と企業家に送りつけた。しかし結果は悲しむべきものだった。私は長く待つことなく、大きな損害を出して工場を譲渡した。勃発した恐慌のために私が譲った機械は、二度と組み立てられることがなかったと後に知った。一年後、全ての産業が沈黙した。四万人の失業者たちが政府建物の前で声明を発表し、秩序立った管理と価格後退へ向けた法律のより厳格な行使を求めた。

一九〇〇年、私はドイツに戻った。その間に事実を通して多くのことを学んだ。この現象の理由は、それまで考えられていたようなチリとの緊張関係ではない。価格後退へと向けられた通貨に関する法律がやはり恐慌の真の原因なのだ。その法律は撤回され、私が「La cuestion monetaria argentina」で行った提案と一致する新たな法律が発布された。この通貨改革までの間、すべての銀行券の三分の二（三億ペソの内二億ペソ）が無為に銀行で眠っていたのだ！　誰一人、取引や工業あるいは農業にこの金を使うことがなかった。たとえ利息がなかったとしても、有効に使うことが出来ただろうに。置かれていたお金に銀行は支払わなかったのだ！　縮小政策が放棄されると、貨幣はすぐに流通に戻った。アルゼンチンの大きな躍進は、通貨改革の実行による。自著であらかじめ語った通りに事態は推移し、この躍進で通貨切り替えによって得られたであろう収入の時期と額が、現実とほとんど厳密に一致したことに私は満足している。

この著書で語られる全ての事柄は、個人経済においても国民経済においても余すところなくドイツの状況に適応することが出来る。

自国通貨を金本位制と関係付けた時、私が「Cuestion monetaria」の中で貨幣の公的管理について踏み込んだ要求をしなかったのは、戦前のドイツでも、社会主義的なサークルの中で少数の人たちが理解を示しただけだったように、「自由貨幣」と「通貨の完全な安定」のような要求はおよそまったく理解されないと思ったからだ。現在、事態がすでに全く異なっているのは偉大なる啓蒙者「危機教授」のお蔭なのだ。

以下に先に挙げた一八九八年の著書のドイツ語訳を掲載する。

「アルゼンチンの通貨問題（La cuestion monetaria argentina）」

（この著書の再録によって意図する目的と現在ドイツの状況に鑑みて、幾つかの脚注と挿入を加えた）

法律は価格の引き下げを容易にする（この本では貨幣の逼迫、貨幣の引き上げ、貨幣価値の改善など、一方で価格の引き下げ、商品価格の低下、全体的な価格後退等といった表現が用いられているが、こうした表現はすべて同じ現象を表している。つまり、貨幣価値の改善は商品価格の低下と同じ意味である。この時「商品」という表現には所有地、労賃、様々な仕事なども属している）。政府は増大する需要に見合った貨幣を供給するために、銀行券を発行するのではなく、反対に国の貨幣であるペソが現状の三倍である本来の価格を取り戻すために商品価格を引き下げ、貨幣の価値を高めるために公然と国の貨幣収入の一部を回収して焼却する法律を定める。

こうした法律が、すでに数年に亘って効力を持つことで効果が目に見え始めていることは驚くにあたらない。アルゼンチンでの取引の価値標準、交換手段であり、すべての資本事業の基礎である我が国の貨幣であるペソが真剣に不足し始め、価値を上昇させている。すべての価値に対する基準が増大し膨張し、拡大している。そして一方で人口の増加によって貨幣の需要が増え、他方で貨幣供給が人為的に制限されれば、その結果としてこれ以外の事態は起こり様がない。これは現在の通貨政策にとって、必要なものとして望まれた効果なのだ。

貨幣の価値は上がり、時間が経てば間違いなく更に上昇する。銀行券発行に関する現在の法律がある限り我が国の通貨ペソの価値は一歩一歩更に上昇して、この法律が発布された目的が完全に果たされるだろう。

しかし我々は、貨幣価値のこの上昇に何を期待しているのだろう？　答えは全般的な価格の低下である。

一メートルを測る尺度の長さを二倍にすれば、買ったもの全ての長さは半分に縮む。そして貨幣はすべての価値の尺度であるため、この尺度である貨幣の増大によって生じる価格低下から逃れることの出来る取引商品はないのだ。

商品一般、家賃、地代、労賃、事業の株式、すべて例外なしに我が国の通貨ペソの価値が上昇すれば抑えられる。

商品価格の全般的な低下によって金の価格も下がる。金も商品であり、貨幣不足によって生じた価格低下から逃れることの出来る価値対象はないからだ。金の価格の低下は国の税収を即座に減少させる。役人の給与を新しい価値基準に適合して管理費を縮小しなければ、国家予算の年ごとの赤字は貨幣の価値上昇と全く同じ比率で上昇することになる。

国内の租税、特許料なども新しい状態に一致しなくてはならない。鉄道、路上電車、辻馬車、郵便、電報、ガス、水道など全ての異なる都市に亘る事業の運賃表も修正されなくてはならない。

商人は全ての計算を正さなくてはならない。工場主や農場主も同様だ。

そしてこの膨大な仕事をほぼ毎日行わなくてはならない。貨幣需要が供給量を一％でも上回る度にである。

全ての価格はその日にだけ通用するものとなる。

商業に混乱を来し、国民経済ばかりでなく国民の習慣と、さらには倫理的世界観にまで計り知れない損害を与えるこの貨幣政策に一体どんな合理的な目的があるのだろう？　商業の健全な発展のための基礎を欠き、貨幣が通貨安定性を欠き、すべての価格が絶えず揺れ動くところでは、取引はあらゆる種類の疑わしい事業に関わりやすくなり、それまで基準となっていた名誉という観念は憂き目を見ることになる。

我々が貨幣不足を恐れる唯一最大のものが数値で測ることの出来る危機なのだとしたら、一人の商人に公共の福祉のため二ペンを執らせるには不十分だ。

貨幣不足、すなわち全般的な価格後退に関して歴史が教えることを良く見ることにしよう。

歴史的事実

歴史は我々に次の事を教えてくれる。中世が続いた間、様々な民族の精神的進歩が滞ったように、商工業の発展は異常で驚くほどの中断を見た。この現象は深刻な貨幣不足（貨幣の高騰、価格の低下）と一致する。そして逆にアメリカの発見が巻き起こした変化は、その後生じた貨幣の増加と、そこから生じた全般的な価格の上昇にその原因を見ることが出来る。この変化は単に世界の新しい部分の発見と言うだけでは説明できない。なぜなら、当時アメリカは金と言う唯一の例外を除いて、それまで世界になかったものは何も作っていなかったからだ。特別の人間も思想も、有用な素材もである。

ヨーロッパから行き来する船が兵士を運び、帰りには金や貨幣を運んだ。

そして金のこの魔法のような効果を、金属としての物質的な特性に帰することは出来ない。なぜなら貨幣として用いられるとき、金はその効果を発揮する機会がないからだ。

貨幣としての特性は金が持っている特性の内の一つの効果的な特性、つまりその価格に過ぎない。そして貨幣の価格は重量や匂い、あるいは金との科学的な親近性ではなく、貨幣の供給と需要によって決定される。つまり市場に現れる貨幣の量と流通にもたらされる商品の量と状態によって決定されるのだ。

アメリカで発見された金がヨーロッパへともたらされたことによって躍進が生じたことから、金が価格に影響を与えたことを認めざるを得ない。

一八世紀が始まって以来貨幣は中世のように再び不足し、この全般的な価格低下の間中経済が停滞し、失業と国家転覆ばかりが目立った。

そして再び商工業が躍進を遂げ、公的な整備や一般的な生活が開花し富が広がったのは、長年の冒険によってとうとうカリフォルニアで金鉱が発見され、そこから豊かな貨幣の流通が生まれ、至る所で価格が上昇したことによるのだ。

一八七二年ドイツが銀貨の廃止に着手し、外国相場の堅実さを確保するために他の多くの国々もこれに続かざるを得なかったとき、貨幣の準備と供給のこの人為的な制限の結果、価格が一歩一歩下がっていった。この時以来、ヨーロッパでは不況と支払い停止、倒産の話しか聞かれなくなった。数千人の労働者が食べる物もなく、放浪者が世界に溢れた。

アメリカ合衆国の最高の開花期は、銀貨の自由な鋳造による所謂グリーンバックスの発行がもたらした価格上昇の時期と一致する。そして外国相場の恒常的な堅持のために、グリーンバックスを焼却して銀貨の廃止を命じたとき、恐ろしい、そして現在（一八九八年）も続く恐慌が勃発した。銀貨廃止の後にヨーロッパで見られた現象が合衆国でも繰り返された。貨幣不足、価格低下、恐慌、支払停止、仕事不足、放浪者。

この事実は、科学的に確立された貨幣問題にかかわる全ての者に周知の事実である。金銀両本位制賛同者は自説に力を得、金の擁護者たちが自分たちの主張をいくら証明しようとしてもその勢いを止めることは出来なかった。

ちなみにヨーロッパでは、ほんのわずかな価格後退やほんのわずかな貨幣価値の上昇が、合衆国と同じように即座に市場を動揺させたことが良く知られている。そこに恐ろしい敵である「恐慌」の先駆けを見ることが出来たからだ。

これとは反対に価格が上昇すれば、あるいは少なくとも後退しなければ、誰もが良い時代だと言って至る所喜びに溢れていた。

貨幣不足と不況は市場にとっては同じことを意味している。

貨幣不足の結果、いつも恐慌が生じる恐れがある事は争いようのない事実だ。貨幣が高騰し、その価値が上昇することは商品の全般的な価格後退を意味し、不況と密接に繋がっている。その間には必然的で容赦のない関係が存在しているに違いないことは、全ての国民経済学者が認めるところである。現在の我々の状況において、貨幣不足と不況との内的な関係は強まっていないだろうか？

隣国チリはどうだろうか？

この国でもチリでも、貨幣政策が貨幣不足を進めている。この国でもチリでも、商工業が停滞している。この国でもチリでも価格が全般的に後退し、この国でもチリでも不況、恐慌に見舞われている。そしてこの国とチリとの不況の間に見られる程度の違いは、この国とチリとの貨幣総量の削減目標のために払われている実行力の違いである。

チリでは貨幣価値の上昇、商品価格の低下を目指した徹底した法律が力を発揮し、そのことで強力で深刻な恐慌が生じている。

ここアルゼンチンではより緩慢な法律がわずかな効力しか発揮せず、その分緊急性も破壊力も少ない恐慌が生じている。

これほど明らかな証拠を前にして、歴史が火刑に断罪した者を崇拝し、崇拝すべき者を火刑にしようとする貨幣政策を一体何と呼んだらよいだろう？　我々は恐慌の告知者、同伴者、案内者とみなされるものへと向かっている。あらゆる相場に恐慌を知らせ、前兆を意味する全般的な価格後退に我々は協力しているのだ。

我々が望むものと正反対の経済政策が採られている。我が国では国の富はまだ搾取されていないのに、他の諸国では強力で不寛容な経済的な法律が、異なる効果を呼び起こしている、とよく耳にする。

生じつつある矛盾は、我が国の状況に合わせて経済に関する法則が変わったためではなく、我々の吟味する知力が迷路に入り込んでしまったからなのだ。ここには錯覚がある。われわれの健全な人間理性が、言語の中に入りこんだ経済的な詭弁によって方向を逸らされていなければ、経済法則とその効果との間に矛盾を見ることはなかっただろう。そして既に現れ、またこれからやって来るに違いないもののすべてを予見出来ただろう。

「貨幣は高騰し価格は低下する。それにもかかわらず、希望を湧きたててくれる幸運のかけらも見ることが出来ない！」

価格の低下が望ましい状況を生むのにふさわしいと期待するのは、本当に正しいのだろうか？ 商品価格が全般的に低下することで国民の幸福が生まれたことが、これまでどこかであっただろうか？ これまで、いつ、貨幣不足と共に商工業が躍進しただろう？

物事が我々が望んでいるのとは反対に進むのは、経済的な法則が広大な大草原の前にひれ伏したからではなく、我々が「楡の木から梨を採ろう」としたからなのだ。我々の目が悪いのだ、我々が盲目なのだ。これがこの国で経済法則に関して起こった唯一の矛盾なのだ。

世界貿易を求める世界中の国々の中で、イギリスほど行き届いた保護を与えてくれるところはない。大英帝国が今日唯一自由貿易を堅持している国であることがその証拠である。世界貿易を進めるための最も効果的な手段を、イギリスでは為替相場の安定に見ている。そしてこの国では、あらゆる経済上の要求の中で最重要なこの配慮がすべての貨幣政策にとっての目標であり、導きの星なのだ。

それにもかかわらず、かつてイギリス政府は価格後退を続行するか相場の安定を犠牲にするか、どちらかを取らなくてはならない逼迫した状態に置かれたことがあった。そして彼らは後者を採った。インド政府がイギリスの財務省に向けた次に挙げる表明がその証拠だ。これは自由なインド銀貨鋳造の再開を求める北アメリカとフランスに賛同することが適切かというものだった。

この文書は、次のようなものだった。

「協定の成果と失敗に関して、ここで語られることはフランスと合衆国が提案した為替比とは全く関係がない。我々がこの協定に反対する理由は、いつものように、我々の為替比はどうあるべきかということである。更に提案された為替比、一五・五対一によって我々の懸念がとても強いものになったことも追記する。

現在の価格から大きく外れた為替比の提案によって、一致に至ることは決定的に困難となったと我々は理解する。この為替比がしっかりと保たれたとしても、インドを損失から守るために我々はやはりそれに異議を唱え、為替比を理由に協定を締結しないよう勧めせざるをえない。

提案した協定による最初の効果としてルピーが高騰し、即座に取引と産業の動きに混乱をもたらす。上昇が一五か一六から二三ペンスへと大きくなるようであれば深刻な不況を迎えるだろうことに我々はすでに注意を喚起した。

その結果ヨーロッパの巨大資本が関わっているインド輸出貿易と、その関連産業が当面の間疑いなく苦しむだろう。

この経済不況がどれほど続くかは分からないが、突然現れたこのように強力な高騰が継続的に影響することで、インドの貿易をその根底から揺るがすだろうことは、専門的な観点から確実である。このことで、状況がどのようになろうと金と銀の間の堅固な為替比を保証するために、ルピーに対して一六ペンスからわずかしか違わない比率を必ず維持するという考えを変えることは出来ない。これを超えたルピーの上昇に向けたすべての処置は、それに見合った利点のない大きな危険をもたらすことになるだろう。

電報の五行目で、我々の貨幣の相当な上昇について推論している部分に対して、我々が大した意味を見ていないことに殿下閣下は気づくだろう。我々は逆に損失がより甚大なものとなると考えている。

金で支払うことの出来る我々の義務の補償に必要な、絶えず増大するルピーの総額を調達するために長年戦っている我々の困難さを見て、その軽減を促進できるようなすべての事柄を必要以上に有利に見せているのかもしれない。こうしたルピーの大巾な上昇によって、国の収入が大きく増大するだろうことは否定しない。

しかし他方で国の収入は、このルピーの上昇によってさまざまな曲面で苦しむことになるだろうことも忘れてはならない。このことは国庫の収入を低下させる。収入こそ提案された改革に政府として望むことの出来る唯一の利点である。予期される全般的な価格後退は、我々の収入と国土の耕作状況をも損じながら作用する。

何よりまず、最近一〇～一五年の中で国の多くの部分に課されるようになった地税を挙げなければならない。農産物の価格はこの税の基準となる。その価格が下がれば負担は大きくなる。低下が相当なものになれば、収穫物の売り上げとそれにかかる負担の関係にアンバランスが生じる。そして、このことが素朴な人々の健全さに悪影響を与える。

新しく査定の必要な仕事は多く、それを終えるためには長い期間が恐らく必要だろう。それが終われば、提案した上昇によって政府が期待できる収入の多くの部分は消え去るだろう。

現在我々の収入の相当な部分を決定している鉄道からの収入についても同様のことが言える。我々の収入は部分的に輸出に懸っている。そして輸出に打撃が与えられれば、我々の鉄道の予算に直接影響する。

こうした理由から、フランスと合衆国政府からの照会に対して拒否するよう勧める」

シンラにて　一八九七年九月一六日

これがインドでの貨幣の上昇の効果に関する人々の思いだ。そして彼の地では、たった一六から二三への価格上昇を問題にしているということを忘れてはならない。もしこの地でペソ紙幣と金ペソに当てはめるなら、その比率は一対三あるいは一六対四八なのだ！

そして彼の地では、ルピーの上昇に関連した犠牲が外国為替の堅調さによって一部相殺されたことにも注目しなくてはならない。我々にとっても遠い先のものではなく、紙幣の高騰によって近づいている出来事だ。英国 - インド政府の考えでは、堅調な為替相場の絶大な利点が、それに比べれば取るに足らない貨幣の高騰への恐れと言う欠点と釣り合わないということだ。

不況の一般的な原因としての貨幣の高騰

不況がいつも貨幣の高騰、つまり商品価格の全般的な低下と共にやって来たという事情は偶然なことではない。この二つの現象の因果関係をはっきりとさせる必要がある。

これらの現象を互いに結びつけている力がどこにあるのか探して行く中で、価格後退が原因であるのか、不況、恐慌の結果なのかをはっきりさせなくてはならない。

任意の経済危機の根本に立ち返ってその内容を探れば、唯一の共通の原因を示すのは言うまでもない。商品価格の全般的な後退、つまり貨幣の高騰である。そして反対に、貨幣の高騰の効果を詳細に追うなら、我々が「恐慌」と言う名の下に理解しているものと完全に重なる。

経済危機に際して現れるすべての現象は、商品価格の全般的な後退、すなわち貨幣の高騰の必然で宿命的な結果であることを示している。価格後退を伴わない経済危機や、恐慌を伴わない全般的な価格後退を考えられるだろうか？

貨幣の高騰、つまり商品価格の全般的な後退によって商人たちや工場主、農場主などの債務と債権が釣り合わなくなることがなければ、支払い停止や支払延期が生ずることをどう説明できるだろう？　貨幣の高騰、つまり商品価格の全般的な後退が資本の流通を妨げるのでなければ、取引の停滞や失業は一体どこから来ると言うのか？

あるいは貨幣の高騰が貨幣流通を妨げて起こる価格後退と全く同じ比率で「債務」を増大し「債権」を縮小することを我々は知らないとでも言うのだろうか？

国民の経済活動において貨幣は二通りの目的を持っている。それは商品の交換手段であり、そして資本を運ぶ。双方の目的のために貨幣はただ一つの効果的な特徴を持っている。価格である。そして貨幣の価格は、それに対して受け取りあるいは渡さなくてはならない商品の量と価値で測られる。

貨幣を得るために必要な商品の量と価値が増えれば貨幣の価値が上がり（高くなる）、反対に少ない商品で多くの貨幣を買うことが出来れば貨幣は安くなりその価値も下がる。

貨幣が高くなれば、貨幣債務者の債務はすべて上昇した貨幣価値と全く同じ比率で増大する。支払いにおいては何も変わらないのに、物理的に債務の重さが上昇し、負っている義務を果たすための犠牲は増える。

貨幣が五％上昇すると債務負担もまた五％上昇し、税が一〇％になれば、数字の上では変わらなくても、負担の上で債務の増加が一〇％になる。

国の通貨ペソ紙幣の発行と切り替えの法律はペソ紙幣をほぼ三倍の価格とし、以前の貨幣であるペソ金貨の値にまで上げようとしている。この法律が実行されれば、すべての負債は現在の価値の三倍になる。

貨幣の負債がある人は、実際に借りた時に受け取ったものの三倍返さなくてはならない。現在この国で懸案となっている債務、貨幣によって生じる義務はどれだけの額となるのだろう？ 誰にそれが分かるだろう？ 一〇〇億、二〇〇億、五〇〇億ペソだろうか？ 誰にも分からない。

法律はそれに関係する利益の合計すら確認することなく、貨幣の上昇を目指して批准された。この中には不審なものは何もないというのだ。他の国々でも同様に処理されているということが、我が国では当局や個々の市民のあらゆる誤謬を正当化する理由となる。

ペソの価格に影響を与える何らかの法律を発布する前に、公の、また個人的な負債がおよそどれほどのものであるのかをまず調べることが必要ではなかっただろうか？　そうした負債の価値は法的貨幣であるペソの価値と共に次第に上昇するのだ。

この利害の高さを調査で確認することが、合理的で正当なことではなかっただろうか？　信じられないことだが、銀行券発行に関する法律の発布に際して、国の通貨ペソの価格に関係する公の、あるいは個人的な利益について一度ならず検討された兆候がある。法律制定者の目は発行される三億という貧弱で取るに足りない額に呪縛され、その背後に隠れていた一〇〇倍大きな金額を明らかに見ていなかった。

しかしいま重要なのは隠れていたかどうかではない。負債者は嫌でも自分の目でそれを見て知ることになる。債権者もまた、奇跡でもない限り自分の目でそれを見て知ることになる。自分の所有物の価値が日に日に上昇するのを見て、債権者はこの成長が天からのものでないことを知らなくてはならない。彼らの資本の価値上昇は彼らの債務者の犠牲によることを知らなくてはならない。繊細な債権者は、与えたよりも多く受け取ることに良心の呵責を覚えるだろう。

債務者もまた、自分が持っていたペソの価格と支払いを求められるものとの違いを知る。自分が貧しくなり、債権者が豊かになるのを見てそのことを知るのだ。債務者は通貨切り上げ法に騙されたことを知る。それ以上でもそれ以下でもない。

ここで、通貨の切上げが資本主義による取引の中で生みだす総額を考えてみよう。合計するのは通貨ペソに関わる国全体の負債だ。地方と都市の負債、国全体の抵当権債務、資本に見積もる家賃地代契約の合計、公務員年金、全商業証券の価値＝手形、引受手形、供託証書、貯蓄銀行通帳＝単純な借入、進行中の商人の会計、声なき株主の持ち分等々。

これらをすべて合計すればペソ通貨で一〇〇億、二〇〇億、あるいは三〇〇億となるだろう。誰一人通貨問題のこの重要な部分を説明することが出来ない。私の見解では、三〇〇億は低く見積もったものだ。三〇〇億だ。では、三〇〇億という見積もりは高すぎるとしよう。国の借金はせいぜい一〇〇億までだとしよう。しかしそれでも政府を強張らせたあのわずか三億によって、次第に現在の価値の三倍に上昇してゆくとてつもない利害に驚かされることになるだろう。

この三億の代償として当局や国民が様々な形で蒙ることになる義務は、一〇〇〇億という銀行券発行高に上昇する。発行した三億という価格が次第に二～三倍に上昇することで、一〇〇〇億という価格も次第に三倍になる。債権者のために全ての債務者の負担が三倍になる。額面価値は何も変わらないのに、総額一〇〇億の額面が実際の価値では三〇〇億に跳ね上がるのだ。

債務者は、保有する一〇〇億の価値のために三〇〇億にのぼる価値のものを渡さなくてはならない。発行した三億が高騰することで、商人の資産は負債によってすべて吸い上げられる。抵当権は資産を食い尽くし、すべての商工業資本は貸方から借り方へ変わって債権者の手に移る。

疑いなくこれが最後の結末だ。人口が増加して自由都市の限界まで取引が広がり、貨幣の需要が増大する中で通貨切り替え法を実施し、市場が本当に必要としている貨幣を切り替え銀行が焼却して、貨幣の供給を人為的に制限しようとした最後の結果だ。

健全な人間の理解力はどこに行ってしまったのだろう？　この法律が批准された時、商人や工場主や農場主は眠っていたのだろうか？

全世界に通貨問題があり、全世界で堅調な通貨価格とすることで問題を解決する方法を探している。通貨問題を論ずるすべての国々で、後に激しい議論を呼ぶ全般的な通貨問題に人々の関心を向けたのは、貨幣の高騰に伴って現れる経済現象だった。

貨幣の高騰は禍に満ちた働きをし、商品価格の全般的な後退は一国の経済を停滞させるかもしれない最悪の事態であることは、今やもう明らかなこととされている。それなのに、この国ではこれとは反対に全般的な価格後退を目指しているのだ！　貨幣高騰が銀貨廃止以来一〇から一五％を数えたこと、そしてそれにとどまらずこの人為的な貨幣の高騰、その結果としての債務の圧迫はかつて生じた最大の不正だったことを、合衆国とヨーロッパの国々は紛糾しながら苦労を重ねて確証したというのに。しかもこのことはわが国のように三〇〇％でなく、ただの一〇から一五％を問題としているのだ。

受け取った額の三倍を返さなくてはならないことを覚悟して、地方で工場を始めるための金を借りる勇気が誰にあるだろう？　そして国の法律が契約の実際の価値を次第に三倍にしようと目指しているることを知りながら、誰が大胆にも借家や借地契約にサインするだろう？

すべての工業領域で活気と突破力と言った企業意欲がまったく失われ、商工業の有望な快進撃を一撃で無力にしたことの十分すぎる理由が、全体的な価格の後退と貨幣価値の上昇ではないだろうか？

これまで私は、貨幣価格と関連する資本の関心事についてだけ語ってきた。貨幣が上昇に向かい、取引状況が商品価格の全般的な後退に圧迫されるように見える時、取引や商品交換で起こることに次に目を向けよう。

商品交換における推進力は利益である

利益を出して売却するために購入する。この購入と売却は商品を生産者から利用者へともたらし、工業の発展に寄与し、労働を作り出し、国の財産を増やす。生産物を交換して初めて、あらゆる富を生み出す分業という女神が誕生することが出来る。

商品交換を中断させれば分業は止まり、企業家は工場を閉鎖し、労働者は食べ物に逼迫する。

貨幣価値の上昇と全般的な商品価格の後退をもたらす法律が招く必然的な結果として、商品交換は必ず中断する。この法律が施行される限り利益は不可能であり、国民経済の推進力は麻痺したままとなる。商品価格が後退して売って損することになれば、商人は買うのを止める。そして、貨幣が高値のままで価格後退傾向が持続する限りこの損失は続く。貨幣価値の上昇によって影響される商品価格の後退が、売却に見込むことの出来る全ての利益を飲み込んでしまう。水が流れを遡ることができないように、貨幣価格の上昇が続く限り商人も仕事が出来ないのだ。しかし商人以外に誰が商品を運ぶだろう?

商品価格が下がり貨幣が高くなれば、商人は商品を交換するのを止める。購入価格に余剰を載せて売ることの出来ないような商品を買うことは出来ない。貨幣価値は上がり商品価格は下がる。商品は安い価格で売られ、さらに、さらに安くなろうとする――そんなことは誰も望まないのに。貨幣の高騰によって全ての商品は軽視される。慧眼をもった商人は店を閉め、工場主もこれに倣う。価値の下がった生産品が生産コストを賄えないのに、一体何のために働き労賃と原料費を支払うと言うのか?

まだ貨幣が上がる可能性があるのであれば一番有利なことは工場を閉め、機械を外国に売り、労働者を解雇して、すべての財産を法的貨幣に投資して保管することだ。箱の中に入れたお金は次第に価値を増し三倍になるからだ。何もしなくても仕事を失う危険に頭を悩ますこともない。

こんなチャンスに、みすみす利益を逃す企業がどこにいるだろう? これほど簡単な投資と純利益で競い合える取引などない。

貨幣が高騰傾向にある限り、資本を眠らせておくことだけが倒産を避ける唯一の方法なのだ。

注意。資本家を動かすのは総額の額面ではない。イギリスの億万長者がその千倍の米の億万長者をうらやむ理由は何もない。実際の価値というものが尺度を与えるのだ。そして資本家が手に掴むことのできる利益を目指している時、額面の損害を気にするだろうか？

それゆえ、貨幣高騰に向かわせるために有価証券、引受手形、手形、抵当証券などの所有者が交付された銀行券の一部を回収し焼却しようとする切り替え銀行を助けたとしても、少しも不思議ではない。

たとえば、価値を一〇〇倍大きく上げることができるとしたら、一億を回収して焼却することを一体どうして彼らがためらうだろう？「海老で鯛を釣る」とはこうしたことを言うのだ。

資本を動かし経済活動に推進力を与える利益追求は、貨幣が高騰した途端効果を失くす。貨幣の高騰は経済を動かすモーターの火に水をかけるのと同じことなのだ。

あらゆる時代に世界の至る所で、金本位制の国でも銀本位制、紙幣本位制の国でも、貨幣の高騰が必ず産業の崩壊、取引の凍結、恐慌をもらたしたことのこれが簡単な説明だ。

貨幣の高騰や全般的な商品価格の後退を助成する法律は、資本の流通を破滅的に中断し取引の発展を停滞させる。実際、若きアルゼンチンの産業が星空にまで駆け上ろうとするのを抑えつけたのだ。我々は現代の経済的不安の原因を、拙劣な公的管理に求めない。もっと悪くもあり得たのだ。我々は産業発展が停滞した理由を、収穫の悪さや輸出製品の低価格に求めない、それらもまたもっと悪くもあり得たのだ。

そうではなく国の貨幣ペソの高騰に関する法律や、この貨幣高騰が必然的に生じさせる商品価格の全般的な後退の効果を正しく理解すればそれで十分だ。我々は、国の経済体を侵す悪の原因を知ることが出来る。

切り替え銀行が存続し銀行券の焼却を続ければ、煙を登らせるアルゼンチンで最後の工場となるだろう。

貨幣高騰の合理的な理由は何もない

歴史や様々な事実や、貨幣高騰に関する専門知識と理性による主張によって、正当に推論可能な結果を述べた。我々が蒙った巨大な損害を償うばかりでなく、さらに具体的な利点をもたらすのでもない限り、通貨切上げ法を批准したことには当然相応に重大な理由があったと想像せざるをえない。

しかしより詳しい審査によって、見えてきたのは空虚な動機ばかりで、審査に少しでも耐えうるものはただの一つもなかった。それはまず、

生計の低下

主要都市のある新聞が家賃に関する議論の中で、貨幣が更に上昇するなら家賃が下がるはずであることを認め、そして驚くべきことに同じ文章の中で、貨幣高騰に伴って現れるだろう生計の低下について語っているのだ。

私が買い物をする価格とともに私が売却する価格も一緒に下がるのなら、一体低下はどこに生じるのか？

貨幣高騰による価格後退はいつも全般的であり、いかなる有価物もその影響から逃れられない。それ故、生計の低下は存在しないのだ。

貨幣高騰によって生計が低下する可能性があると言っても、ひとりひとりに適切な形で、しかも何の理由もなくただちにすべての貧民を生み出すためには、多少盛大に銀行券を焼却したくらいでは不十分ではないだろうか？

商品価格の下落や貨幣の高騰が本当に生計の低下を意味しているのであれば、貨幣が表す価格の安い国々が最も富んでいるはずだ。しかし事実はその正反対ではないだろうか？

貨幣の高騰によって生計が低下するというのは幻想であり、貨幣高騰の本当の利益を誰かが得ることが出来るとすれば、その利益は必ず別の誰かの財布から支払われているはずだ。一般的には「借り手」に生じる現象は、「貸し手」に生じる現象によって調整される。

二番目の主張はこうである。

通貨切り替えが迫っている

貨幣の高騰によって、我々は次第に「堅牢な硬貨本位制」に近づいている。まず紙幣ペソを金ペソの高さに引き上げることで、取引を大きく損なっている価格変動が終了する。——

その後、取引を大きく損なっている貨幣の価格変動と戦うために、最強の仕方で取引と反取引を生むような通貨政策が行われることになるだろう。と言うのも、金ペソの高さにまで国の通貨ペソを引き上げるとすれば、かつてどの国でも体験されたこともない、どんな商人も耐えることの出来ない程異常な変動を意味するからだ。

貨幣の高騰、価格の全般的な低下を意図的な範囲で実行することができるとしてみよう。アルゼンチンのペソの価格を現在の三倍に引き上げる可能性を疑う科学的、もしくは現実的な根拠がないとしよう。国の通貨ペソの価格が金ペソに対して額面で記されるほどに、通貨供給を制限することに成功するとしよう。

その時我々は何を得るだろう？　取引を大きく損なっている価格変動をなくせるだろうか？　通貨価格の高騰で、貨幣の需要と供給の変動を生んでいる原因をなくせるだろうか？　私にはそのような推進力と、硬貨の間に因果関係を見ることは出来ない。

実際価格変動はいつも供給と需要の変動の結果であり、こうした変動を治めるには、銀行券発行銀行が資金を所有して供給と需要を一致させせなくてはならない。

この備えは不可欠である。国の通貨ペソの価格変動を生んでいるのはまさに、通貨の需要に供給を絶えず一致させるために必要なこの資金の完全な欠如なのだ。そしてこの備えを欠く限り、国の通貨ペソの満ち引きを生み出す原因も存在し続けるのだ。

このことは、貨幣の価格をどのようにしようがまったく関係ないのである。

アルゼンチンペソが金に対して三対一の比率で売却されようが額面で記載されようが、不可欠な備えとしてなくてはならない資本に何の影響も与えない。価格高騰はそれだけでは備えをもたらさないのだ。国の通貨ペソの価格を三倍にすることに本当に成功したとしても、いまだに空っぽの金庫を前にしては、犠牲を払って一掃した変動を治めることができない。

国の通貨の高騰は、価格変動を治めるために必要な資金を一ペソでも減らすことはない。この高騰は、通貨価格の安定に一歩も近づけるものではない。貨幣高騰によって通貨切り替えや投機の抑制、そして「堅牢な硬貨本位制」に次第に近づくという主張は誤りなのだ。

損害を埋め合わせる商品価格の後退
貨幣高騰の正当な理由として、いまだに次のようなことが挙げられている。
一八八六年から一八九二年にかけて起こった貨幣価値の後退は多くの国民に甚大な損失を与えた。

この人々は当然補償されなくてはならない。この補償は、国の通貨ペソがかつての価格を取り戻すことに掛かっている。――

その際必要なことは、国の貨幣政策によって損害を受け零落した国民に補償することは正当なことであるが、損害をうけた全ての人々が蒙った損害にちょうど見合うように補償すること、更にはまたこのことが新たな不正によらずに行われなければならない、ということである。

ここで疑問が生ずる。貨幣の価値増加は、この状況を考慮して補償をもたらすことが出来るのだろうか？

それは不可能だ。

高騰によって価格を上昇させようとして債券は数千の所有者の手を渡り、多くはもはや存在せず、多くは現在、かつての貨幣価値後退で豊かになった人々の手にある。貨幣の価格後退によって誰かが失くしたものを他の誰かが得るのであり、もし甚大な損害があった時には、その儲けもそれだけ大きかったことを忘れてはならない。資本はある人の債権から債務へ、そして他の人の債務から債権へと移動するのだ。

正反対の事が貨幣の高騰によっていま起こっている。国の通貨ペソの価格上昇によって生じた全ての価値の上昇は、空から降ってきたわけではない。価値は雨のように降って来たのでもなければ、木に生えるものでもない。どこかの誰かが支払わなくてはならないのだ。そしてこの差額を支払うのは、おそらくヨーロッパ人ではない。

貨幣の価値の低下は債権者の負担となった。今度は貨幣価値の高騰を債務者が支払うのだ。

そして債券の価値が低下することで、零落した債権者のどれほどが今では債務者となっているだろう？　かつての通貨政策の犠牲者を庇護することとは程遠く、貨幣高騰は新たに不正に不正を重ねることで、その状況をさらにもっと困難なものにしている。

一旦債券を手放した後では、そもそもの所有者は価値上昇による利益に預からないのにも拘らず、多くのケースで彼らの負債の負担を増やすような損害を受ける。損害補償措置として考えられた貨幣の価格上昇が、多くのケースで目的に反することになる。

債務者と債権者の組合に関しては、貨幣高騰を損害補償措置と考えることも出来るかもしれない。しかし組合でなく個々人が問題なのだ。

こうした理由から、債権者に対してかつての通貨政策が更に加えた不正を改善することは不可能だ。不利益を被ったすべての人に補償することは出来ず、それぞれ蒙った損失に応じて補償することも出来ないのであれば、損害補償と言う考えを諦めて、新たな不正に陥らない決意をするしかないのだ。

貨幣価値の上昇を目指す努力が必要だとする論拠として更に次の事を挙げている。

貨幣価値の後退によって、その国の威信は下がる

貨幣高騰が生計を下げるものではないこと、また通貨切り換えを導くものではないこと、そして通貨切り換えが過去の通貨政策の犠牲者に対する損害補償のための正当な措置と真剣にみなすことが出来ないことを明らかにすることで、最初の三つの正当性の根拠を論駁した。貨幣を高騰させようとする最後の動機として、通貨ペソの低い価格によって取り返しようもないほど損なわれている国の威信への配慮が残っている。

国が発行する貨幣は国の借金であり、支払われなくてはならない国の侵すべからざる義務と言われている。負債である債券の現在の評価を見れば、公な信用を得るためには更により慎重な扱いが必要であることは明らかだ。公的負債の債券を低く記載することは、教養ある国民に相応しくないことだ。国の通貨ペソが本来の価値に相応しい対応を受けるようにならない限り、過去の恐慌を克服したものと見なすことが出来ない。国と国民の名誉は貨幣の価格と深く結ばれていると言われる。名誉、威信、国の名声が問われる時、どんな犠牲も払うべきだ！と。

永遠に確かなものとして、幾千の様々な言い方で鳴り響くと言うのだ。貨幣は公の借金であり、支払われなくてはならず、回収されなくてはならないのだと。

しかしある国が発行した貨幣は、本当に負債を表しているのだろうか?

アルゼンチン紙幣という貨幣の形をとって発行された総額が国の負債として見なされることを、その刻印が確かに示している。しかしこれほど短い刻印の中に真面目に受け取ることが出来ない矛盾が満ちている。そこにはこう書かれている。

国は所有者が提示すれば
一〇ペソ国の通貨で支払う

これは一体何を意味するのだろう? 国の通貨ペソとは何だろう? 刻印にある「支払う」とは何を意味するのだろう?

「支払う」という言葉はスペイン語では単に貨幣の引き渡しを表し、紙幣の刻印にあるこの表現は引き渡されうる何かがあり、紙幣はそのために場所を確保する荷札に過ぎないもののように想像してしまうに違いない。

しかしその「何か」が渡され支払われるためには、少なくともそれは目に見えるか触れられるものでなくてはならない。なぜなら刻印は五や一〇、一〇〇といった特定の単位を示しているからだ。この単位を確定するためには数えることが出来なくてはならないのに、目に見えず触れられもしなかったらどうやってそんなことが出来るだろう？

こうして疑問が生まれる。国の通貨ペソの、その目に見える姿はどこにあるのか？ 誰がそれを見たのか？ 国が紙幣の所有者に支払うために手渡すことを約束しているものがどんな姿をしているのか、誰が教えてくれるのか？

それは、金で鋳造したペソ金貨ではないだろう。古い紙幣の刻印で金貨を謳っていた文言は、変遷の後に発行された紙幣では消されたからだ。どうして消されたのだろう？ それは法的貨幣の一ペソが鋳造された金ペソではないからだ。

我々の紙幣の刻印に「支払う」という言葉が使ってあれば、読んだ人はどうしても紙幣とは無関係の何か別のもの、手渡すことの出来る何か目に見える物があるに違いないと考えてしまう。そして古い紙幣の刻印から「鋳造された金」という言葉が削除されたということは、その何かは鋳造された金ペソではないことを証している。

紙幣自体の他に手渡すことの出来るものは何もなく、現実的なものも非現実的なものも、少なくとも思い浮かべることの出来る物すらもなく、それでもこの紙幣には日常的に果たすべき責任が存在するのだから、紙幣は想像されたもの、想像上の金庫に隠された国の通貨ペソのための場所を確保するのではなく、紙幣自体が単独に国の通貨ペソを表しているということなのだ。紙幣こそが、我々が国の通貨ペソと名付ける目に見え、触れることの出来るものなのだ。

Cogito ergo sum. 我思う、ゆえに我あり。

私は支払う、ゆえに私が紙幣だ。私自身が国の通貨ペソなのだ。誰も私のために支払うことが出来ない。それは、私自身が支払うからだ。私の存在を否定する刻印はあっても、私が国の通貨ペソなのだ。

この事実が分かった今、紙幣に書かれた刻印はどのように説明することが出来るだろう? 刻印によって委任されたものは国の紙幣は国の負債を表す文書だ、ということに基づいている。そして負債は支払われなくてはならないのであるから、「支払う」という言葉を否応なく挿入せざるを得ない。そうでなければ負債としての性質が公的に認められないだろう。

刻印の文言を作成する際、どちらか選択しなくてはならない。事実に背いた存在となるか、もしくは全ての遺産のように自分で努力せず、吟味もなく過去から得た理論を放棄するかだ。

我々は前者を選ぶことで、現実の確かな基盤を離れて矛盾に満ちた迷路に迷い込んだのだ。

アルゼンチンの(そして他の多くの諸国の)通貨政策に見られる全ての混乱は、紙幣に書かれた刻印の文言から、あるいはさらに言うなら作成者にそのように書かせた考え方から生まれたのだ。

そして紙幣は負債に関する文書であって、支払われ償還されなくてはならない、という理論を一旦受け入れたなら、利子の発生しない債務証書を誰が受けるのかという問いに答えがなくてはならない。

というのも紙幣の発行者は、決して利子を支払わず、反対に利子を掛けているのは発行者なのだ。この国では発行された紙幣で得た収得金は、負債の支払いに使われた。しかしもしドイツやフランス、イギリス、合衆国の事例のように、政府が発行した紙幣をそのまま、あるいは為替にして金庫に留めておいたとしたら、政府は紙幣発行によって数百万もの年利を得たことだろう。

紙幣は債務証書であるのに債務者（紙幣発行者）が利子を求め、債権者（国民）が利子を支払うという驚くべき事実が生じているのだ。

紙幣が債務証書であるということを受け入れることが詭弁であると分かってもらうためには、これでも不十分だろうか？ 反対に、紙幣はそれ自身の価値の対象であると証明するためには、これでは不十分だろうか？

注意。ここで紙幣は、その価値の対象ではありえないと意義を唱える人がいるだろう。もしそうであれば、銀行券発行を命じることで政府が意のままに国の富を増やすことが出来るからだ、と。

しかしこれは新たな虚偽であり、新たな混乱を招く！ 富と有価証券とは別のものである。有価証券を増やすことなく国の富を増やすことが出来る。その逆もまた然りだ。

一国の富は有用な物品の蓄積にある。有用な物品を価値対象とするために有価証券が必要なのだ。政府の簡単な命令によって有価証券を増やすことで、国の富をいくらかでも増すことが出来るだろうか？ 売上げ額が増えれば国全体の富を高めるだろうか？ 否、絶対にそうではない。

公的負債を公的な富の一部と呼ぶことが出来ないのにかかわらず公的な負債の債券が上がれば、同時に対象の価値も上がる。

たとえ政府が国の富を命令によって増やすことが出来ないとしても、有価証券の増刷を命ずることは珍しいことではない。そして政府が貨幣（有価証券）を発行しても、富を増やすことにはならないのだ。

貨幣が本当に債務証書として通用しないのであれば、回収して支払うこともまた不要である。つまり、突き返される恐れなしに紙幣の刻印の言葉「支払う」を消すことが出来るのだ。

紙幣に価値を与えるのが「支払う」という言葉でないのであれば、この言葉を消したところで突き返されることにはならない。

この事実に合わせてこのように書くことが出来る。

これは政府が合法的に発行した一〇ペソ貨幣である

紙幣の市場価値は、公的な債務証書の価格を左右する力とは無関係なのだ。貨幣の価格が決まるのは、商品の価格を決定するのと同じ状況に基づいている。一方公的な債務証書の価格は、公債を決定する事情に支配されるのだ。

その証拠に、貨幣価格が上昇するのに公債が後退するのをしばしば見ることがある。

国の栄誉や信用は貨幣価格の変動によって左右されることはない。取引だけが喪中にあり、その横ではきっと銀行券発行を委託された人々の叫び声が聞こえるだろう。彼らは、取引に必要なコントロールに失敗したのだ。

一体誰が最後に銀行券を支払うことになるのかという問いは、我々には関わりのないことなのだ。すべての銀行券が流通し続ける限り、そんなことを考える必要がない（そして恒常的な貨幣価格の上昇が示すように、銀行券があればあるだけさらに多く流通することになるだろう）。

長年の間貨幣を流通させ、たえず需要に応じて生産し価値を与えてきたその同じ力――所有権の譲渡と分業は、いつも存在し日々増加する。人口が増加し、新しく延びる線路の後を追って、取引が分業の祝福を遠く離れた素朴な人々へと運び、未開拓の富を価値へ、商品へ、貨幣への需要へとはるばる変化させる。

国の未来を否定し分業と所有権の譲渡を人間社会の制度としての健全な基盤と認めない人々だけが、貨幣の回収や紙幣所有者への完済について考える必要があるのだ。

鉄道を建設し繁栄と人口増加を語る一方で銀行券を流通から回収する必要性を語ることは、健全な思考と矛盾する。

貨幣が絶えず流通を保つ推進力を失くせば、つまりプロレタリアートの決断によって所有権の譲渡が中止され、人間の労働と地球の産物がもはや販売されず、互いにプレゼントされるようになれば、貨幣は流通できなくなり回収が必要になる。

このような状況が登場すれば、我々は貨幣をもはや必要とせず、その存在の正当性は失われる。すべての価値は消え失せ、公共の富、公の所有となるのだ。

こうしたことが起こらない限り（そしていま紙幣の支払いについて語る者は、そうしたことは決して起こらないと声高に主張する）、市場は交換手段を必要とし、これまで通り発行された銀行券をすべて受け入れる。

紙幣の回収、完済もしくは損害補償について語る代わりに、増加する需要が求める全ての貨幣を市場に与えることを考えるべきなのだ。

取引が必要とするものと正義が求めるもの

偉大な哲学者デヴィット・ヒュームは言った——貨幣が豊富になれば労働活動と工場は活気づき、商人は仕事に着手し、工場主はより如才なく活動的となり、移民さえもますます熱心に鍬を振るうようになる。

これこそ我々にも必要なことだ。あらゆる価格後退を防ぎ、国と産業の生産力と取引の自由な展開を生み出すために十分な貨幣こそ必要なのだ。

しかし我々は、ジョン・ローズが言うような北アメリカのインフレ（貨幣の洪水）や、財政顧問ファレス・セルマン（一八九〇年財政的な失敗により失脚したアルゼンチン大統領）が言ったような意味で溢れる貨幣を求めるのではない。ヒュームが結論として見ていた豊富な貨幣とは、わずかな測り増しもなしに市場の要望を満たす貨幣額と考えることが出来る。

いかなる過剰も価格上昇を生む。取引が求めるのは価格の安定だ。価格は下がってはならない、しかし上がってもならないのだ。

アルゼンチンの価格後退によって不況、恐慌が生じた。全般的な価格上昇はその他の弊害も生んだ。貨幣が決して不足せず、決して溢れかえらないことを我々は望む。いかなる全般的な価格後退も、抑えることが出来る十分な通貨管理と価格上昇を抑えるその懸命で適切な管理が必要だ。

我々は健全な人間理解を目覚めさせたいのだ。公共の、そしてあらゆる通貨管理委託の理解を促したい。我々は、通貨の独占管理に関わってきた幾人かの人々のエゴイスティックな企てを廃止したい。これが取引の求めることであり、正義の要求とも一致することなのだ。債権者の犠牲によって、債務者を利する貨幣の切り下げは不正である。債務者に損害をもたらして、債権者を優遇する貨幣の切り上げもまた同様に不正である。貨幣価値が確固たる状態に保たれることを正義は求める。どうすればそんなことが可能だろうか？ 簡単なことだ。貨幣の需要と供給を均衡させればよいだけだ。

商品の供給（貨幣の需要と同義）が増加する度に貨幣を発行し、商品の供給が減少すれば貨幣を回収し、管理するか焼却するのだ。

簡潔に言えば、価格が上昇傾向にある間は貨幣の流通を抑制し、価格が下降傾向を示すときには貨幣を増加するということだ。

これが我々に必要な健全な人間理解に一致した通貨政策だ。日常的な貨幣供給が需要に一致するよう求める。紙幣を焼却すべきか増刷すべきかは時代遅れの法律ではなく、流通状況が答えを出さなくてはならない。

明日や明後日、ひと月後、一年後の貨幣需要がどうなるか、あらかじめ知ることは出来ない。明日どれだけの貨幣を流通させるべきかを今日決めることは不可能だ。その需要を多寡なく定め、余剰を出すことなく供給でカバーすることは不可能だ。それゆえ我々は一定で変更の出来ない貨幣量に流通を規定し、市場の変動を顧慮しないような法律の廃止を要求する。

無政府主義者たちが合目的的に書かれた法律に対して異議を申し立てるように、我々も現在ある銀行券発行法に異議を申し立てることが出来る。明文化された法律は施行の翌日には既に時代遅れとなり、刻々と変わる生活の要求に最早そぐわない。

無政府主義者たちが、明文化された法律、死んだ文字の廃止を要求し、その代わりに生活とその時の必要によって公布される活き活きとした法律を求めたのには真剣な理由がある。

そして実際、もし無政府主義者の理論が実現可能であるとしたら、その考え方を支持するのは現在のように少数の熱心な人々だけではないだろう。

我々一人一人の権利を制限する明文化された法律は、期待されているようには完全にその目的を実行することは困難であること、それがどれほど不十分なものにならざるを得ないか、ということが明らかになった。

社会のどのような生活現象においても取引ほど活気を持ち、頻繁に形を変え、発展と変化に富んだものはない。しかし現在では変更が許されない一定の貨幣流通量を定めた数年前の死んだ法律に、取引の方が自分を合わせなくてはならないのだ。

死んだ文言が支配している通貨政策は、貨幣価格の絶え間ない変動しか生み出さない。

季節と気温の変動に合わせて我々は服を選ぶのに、通貨政策は取引状況の変化に適合する必要性をあらかじめ見ようとしない。まるでズボンを一本しか持たない旅人のように、暑さ寒さを嘆くのだ。我々は貨幣価格の変動を嘆き、この変動の原因を貨幣の素材に求める。しかし貨幣は、人が考える事に柔軟に適応可能で従順なのだ。取引が必要とし正義が求める価格の安定を得ることが出来ない理由は、貨幣にあるわけではないのだ。

かつての管理者が過剰に発行した結果アルゼンチンのペソが価値を下げたことは、確かに紙幣の責任ではなかった。そして不十分な発行量のためにアルゼンチンのペソが上がっている現在も紙幣の責任ではない。

紙に責任はないのだ。銀行券発行に関する法制定こそが問題なのだ。責任は法の制定者にある。国の通貨ペソの価値は法律制定者が下落を望むたびに下がり、上昇を決める度に上がった。

これまで見てきたように、紙でできた国の通貨ペソが法律制定者の意志に従うのであれば、変動の責任が紙ではなく人間にあることは明らかだ。国の通貨ペソの価格が法制定者の意志を注視しているのであれば、その価格は彼らが安定させることを決定する時安定するだろう。

これは拘束力のある決定だ。

専売される商品の価格は所有者の意志に左右される。専売物の所有者が商品の供給を需要に合わせるのは合理的なことだ。ヨーロッパの中で、政府が塩やマッチ、たばこや小麦などを専売している諸国では、こうした商品は一定不変の価格で売られている。その日の需要に合わせて政府がその日の供給量を決めるため価格変動は起こらない。

商品需要が制御できないものであること、需要が変動することを考慮に入れないのであれば、専売業者が売値をつけることにそれほど意味がないだろう。この売値は、商品の供給がその需要に相応しくなければしばしば変動するだろう。

もしフランス政府がマッチの専売業者として市場の変動を無視して、五年か一〇年間法的に確定した量のマッチを市場に放出すれば、利益を出したかと思えば今度は赤字を出しながらきっとマッチを売ることになるだろう。

もしドイツ政府が国のすべての鉄道の所有者として、交通手段と人口の発達を考慮せずに一定数の列車を数年にわたって走らせるよう法的に義務付けたとしたら、即座に貨車と切符の取引や投機売買が生まれるだろう。

専売業者に出来るのは、供給を意のままにすることだけなのだ。需要はそれ自体自立したものであり、まったく彼らの影響下にはない。専売業者が価格を意のままにするためは供給という武器を用いるしかないのだ。

供給とは、変動する需要の波を貫いて専売されている商品の価格の舵をまっすぐに切る水先案内なのだ。

これがあらゆる専売を合理的に管理する原則であり、最たる専売商品である通貨もこの原則を免れることは出来ない。

政府が国の通貨ペソの発行を独占して安定した価格を保つことに成功しなかったとすれば、それは先の原則によって示された対応に注意を払わなかったからだ。

アルゼンチンペソの価格が下がった時効果的で間違いのない唯一の救済方法は、国の通貨の供給を流通から回収して制限することだった。

しかしそうする代わりに通貨への需要を増すことで価格を上昇させようとした結果、金と移民をヨーロッパから引き寄せてしまった。

この措置は成果をもたらすことがなかった。金と移民は政府の勢力圏から免れているからだ。貨幣の価値を高めることを任せられた大臣は、独占によってもたらされる力を行使する代わりに、勢力圏外にある力を行使しようとしたのだ。

フランス政府が、マッチの価格を安定させるために供給を需要に合わせたことを述べた。しかし金融が窮迫したからと言って、その政府が過剰な量のマッチを市場に投入することで需要を活性化し、その結果下落する価格を補償やその他の犠牲によって回避しようとするとしたら、誰もがそんなことは不合理なことだと思うだろう。

この価格変動の罪は誰が負うべきだろう? マッチだろうか政府だろうか?

この不合理なことが国の通貨ペソで行われたのだ。そしてその結果、いまでは貨幣の素材に責任を負わせようとしていることは、誰もが知っての通りだ。

繰り返そう。通貨の価格変動の原因は誤って理解されているのだ。

紙幣は管理者の意志から逃れることは出来ない。しかしその管理者は商品を扱うことを学ばなくてはならない。取引を理解し、国の通貨ペソの価格の安定は需要と供給の一致によってのみ得られることを知らなくてはならない。

しかし、政策を順守するために不可欠の権限を専売管理者たちに明け渡すことが必要だ。過剰に慎重な法制定者が貨幣専売の権力を取り囲むために定めたすべての制限を排することが必要である。

何よりも、あらかじめ決められた額の貨幣を発行しなくてはならないことを定めた法律を失効させなくてはならない。貨幣の供給量を法にではなく、流通需要によってのみ制限する権力を政府に与えなくてはならない。そして、過剰な銀行券を回収する手段を政府に与えなくてはならない。

これが価格の安定を間違いなくもたらし、貨幣価格を安定させることで正義の要求と取引の需要を満足させることの出来る通貨政策なのだ。

貨幣需要の基準

先の章で、貨幣の発行の問題を決定するのは流通需要でなくてはならないと書いた。するとひとつの疑問が生まれる。その需要はどのようにして測るのか?と。

ある人は言うだろう。全般的な商品価格、商品の平均価格の調査によって基準が与えられると。他の人は言うだろう。金のプレミアムがそれを反映しているように、基準は外国為替相場にあると。前者は絶対に貨幣価格を安定させることを求め、後者は金の変動を回避すれば良しとしている。どちらの考え方がより勝っているだろう?

金本位制の国々では、貨幣が大きく変動していると言って争い合うことはない。時折不意に、また急になり、時折ゆっくりになる。そしてまさにこの変動こそ金銀両本位制支持者の武器となるのだ。金の価格や外国為替の安定がアルゼンチンにとってとても大きな意味を持ち、ほぼ全ての生産物が金と引き換えに売却され、消費財の価格もまたその多くが金によって評価される（為替の状態にならう）ということは否定できない。国民の人口から見て、海外貿易がこの国ほど多くを占める国は他にないと私は信じる。

しかしもし商品価格統計を導きの糸として、確かな商品価格のために貨幣管理のかじ取りをすることになれば、金の価格が上下する度に（つまりは為替が「良くなったり」「悪くなったり」する度に）為替の安定を望むひとたちの反対に会わざるを得ないだろう。すべての国の本位制政策が確かな商品平均価格（指標値）を目指した時、双方の目的の一致がはじめて可能となる。諸国間で確かな商品価格（不変の指標）によって取引されれば、為替相場も安定するのは明らかだからだ（ここで目指す関係を可能とするもっとも簡単と思われる方法を私の著書「ＩＶＡ」で述べていることを、ここで指摘しておく）。

つまり為替の安定を商品価格の安定のもとに置こうとするのか、あるいは反対に、安定した為替を目指すことで安定した商品価格を諦めようとするのか、我々は選択しなくてはならない。

安定した商品価格を決断すれば、ヨーロッパ市場で金の交換比率が商品にもたらすすべての変動が我々の為替に反映される。しかし我々の本位制政策の基準を安定した為替に置くなら、市場で金の交換比率がヨーロッパの商品にもたらす全ての変動が、直接我々の市場に持ち込まれることになる（つまり海外で価格が変動すれば、アルゼンチンでも変動することになる）。

この科学的で現実的な、とても重要な事柄の究明をここですることは出来ない。代わりに其々の方向を向いているこれらの要求を、和解に導くことの出来る最短で確実な方法を提示することで良しとしようと思う。

現在我々は、通貨政策を安定した外国為替相場に適合させようとしている。そしていまのところ、優勢な対外貿易の利益のために、安定した商品価格を諦めなくてはならないでいる（この金本位制への屈服は政治的な理由による。理解するためにはむしろそう考えなくてはならない。国民は凝り固まった考えしかできない。柔軟に考えることが出来ないのだ。このことは、人が作る関係においても同様だ。それを保つことが困難になった時自分たちに必要な関係に変えるのではなく、自分たちを合わせるようにするのだ。確かな商品価格のための本位制はダイナミックにしか理解することが出来ない。金本位制についても同じことが言える。しかしこのことを理解するためには、宇宙論を克服しなくてはならない）。同時に変動を避けるために其々の国の指標に必要な基準を話し合う国際的な会議を、我々と貿易をするヨーロッパやアメリカの国々と催さなくてはならない。全ての国々が統一した通貨政策によって商品価格を確かな境界内に保とうとするなら、金本位制の導入に伴う犠牲を課することなくこうしたすべての国々の元で為替は安定するだろう。

各国はその貨幣に最もふさわしい素材を選択することが出来る。ある国は紙を選び、他の国は銀、ニッケル、銅、金を選ぶ。こうしたことはそれほど重要ではない。すべての国々で貨幣の供給と需要が一致し、それぞれ国内で貨幣と商品の交換比率が変動しないことが前提となる。そうなればこれらの諸国間の為替相場は論理に叶い、必然な形で堅持される。

パラグアイとアルゼンチンの為替相場は現在一対二・四八である。我が国の商品価格が下がれば為替が上昇する。しかし我々の商品価格が現在の状態を保ち、パラグアイでも同様になれば、相場は現在の状態から基本的に離れることはない。

イギリスとアルゼンチンの現在の為替相場は現在一対二・七〇である。しかしクロンダイクで金山が見つかれば、或いは金銀本位制を導入すれば金で表された商品価格は上昇し、アルゼンチンの為替は「良くなる」。しかしイギリスで自由な金鋳造（銀鋳造がすでに禁止されたように）が抑制され、その結果鋳造（貨幣の発行）を自国の商品価格を固定するために市場の要求に合わせることが出来るようになると、アルゼンチンとイギリスとの間の為替相場は同様に変わらず保たれる。

アルゼンチンとチリとの間の為替相場は現在一〇倍のあたりを動いている。このまま進めば商品価格は同様の比率で下がり、商品価格が下がるのにかかわらず相場は変わらないまま保たれる。一方の共和国が上述したような理由でそこから外れると、即座に相場も変動する。外国為替相場の安定性が貨幣発行のために選択した素材に無関係であることを示すためには、これらの確認で十分である。さらに一つの国では目的を達することができないこと、むしろ全ての国々の統一した通貨政策の結果でしかありえないこと。国際的な合意だけが安定した為替相場を生み出すことが出来るのであり、そこから安定した通貨価格が生まれるのだ。

それゆえこの国際的な合意が出来るだけ早期に可能となり、その間に商品価格の安定性が、我々にとって非常に大切な海外貿易を支えるように努力しなくてはならない。

金の価格が反映しているように、市場がどれほど銀行券発行を求めているのかを測る基準を外国為替相場が与える。我々が他の国民と正しく科学的に正確な基準を合意するまで為替相場が下がる（為替が悪くなる）度に銀行券を流通させ、相場（貨幣）が上がる度に反対に銀行券を焼却する。

このやり方を安定して順守すれば、外国に対する為替相場は金貨が流通するように安定する。三億ペソの死んだ資本を固定することなく、金本位制の長所を享受することが出来る。

不足しただけの銀行券を発行し、過剰となった銀行券を回収しなくてはならない。安定した為替相場を堅持するために、日常的な貨幣の供給を需要に適合させなければならない。

この課題を果たすためどのような権力によって貨幣管理をさせることが出来るのか、研究する必要がある。

長年に亘って一定量の貨幣流通を定めた法律を、法律が決めた総量によるのではなく流通需要によってのみ制限される銀行券発行の権限を政府に与える法律に置き換えれば、取引で不足した貨幣を即座に利用できるようになる。

そうした法律は外国為替や金に無限の売れ行きを生み出す。確定額で供給されるすべての金を貨幣の専売業者が新たに発行する紙幣で購入する。つまり、確定額全ての金は買い手を見つけることなく専売管理の金庫に引き取られるのだ。その結果、外国為替相場は後退することがない（ドイツではこう表現する。この結果為替は決して良くならない。この表現はしかし誤解を生む。国民の誰かに大きな損害を感じさせない為替の改善はない。このことは、最も最近の大きな「為替改善」が示している）。金の需要がなくなることはないからだ。その法律は、金の価格を全ての低下から守るだろう。

このことで既に、とてつもなく多くのものが得られたことになる。購入者が少ないからと言って金の価格が下がることがなくなれば、商品もまたその金価格（世界市場価格）以下に下がることはない。商人、農民、工場主は為替の「改善」によって生じるあらゆる全般的な価格後退から完全に守られることになるのだ。

他国の貨幣の助けを借りて起業しようとする人も、もはや為替の「改善」による破産を恐れる必要はない。

（一九二〇年の新版への追加）国立銀行は今年三月のパンフレットの中で、ドイツの商人は為替問題に通じるほどには成熟していないと説明している。この前提が的を得ているのなら、商人が通貨の「改善」によって破産することがありえる、というこれまでの叙述について若干の説明が必要だろう。

ひとりの工場主が、一〇万ペソの保護された貨幣（法的なアルゼンチンの兌換材）を使って金で支払うことの出来るヨーロッパの機械を購入し、支払をしたとしよう。ちなみに相場は三ペソの紙幣が一金ペソだ。さて、為替が「改善」していまや金ペソは二ペソ紙幣にしかならないとしたら、競争原理に従えば、この工場主は機械価格について最早一〇万ではなく、六万六〇〇〇の利子しか払わなくて良いことになる。他の競争者はいまではみな同じ機械を六万六〇〇〇ペソで買うことが出来るからだ。政府が引き起こした価格の解体は企業資本も同時に解体する。為替の「改善」は負債を抱えるすべてのものにとって悪化となる。ここで念頭においている企業家は、保護された資本の利子を支払うことが出来ないだろう。

当然ながら、「改善」出来なくなった途端、すべての為替投機は不可能になる。今日投機家が通貨の悪化に期待をかけて賭けに出るのは、それは通貨を再び良く（上昇）出来ると確信するからこそだ。しかし彼が自ら犠牲を払って引き下げた通貨は、再び上昇することはない。その出発点にまで戻る力を最早持たないのだ。そしてこの投機家は魅力を感じなくなる。価値を増す見込みもなく、そのたくらみの目的であった残余金を得る見込みもなく、投機家の資産は価値を失う。

「為替改善」を不可能にすることで投機を一掃し、これまで為替市場に混乱を引き起こしていたひとつの原因が消えるのだ。

誰も自分の資本を減らしたいとは思わない。投機家が一定期間自分の金の価値が下がるのを容認するのは、必ずやってくる返す波の投機益で損害を再び得ることが出来る見込みがあるからだ。この期待も、供給に対して公の通貨管理が無制限な需要で対応できるようになるや否や消え去るのだ。為替の改善に関して言わなければならないのはこのことなのだ。

通貨管理が為替の「悪化」をも、いかに守ることが出来るかをここで分析しよう。

為替の悪化を守るために過剰な貨幣を回収する。つまり買い占める。何を使ってか? 答えは、貨幣専売が生み出すものによってだ。

余り意味のない商品の専売が何らかの利益を上げ、時折それが本当に大きな額になるのを時々目にすることがある。

多くの発明家が販売から得る収入が、彼らに発明特許を与える専売の利益となる。市場で最も重要不可欠な我々の通貨の専売業者が、何ももたらさないことなどあるだろうか?

もしわれわれの貨幣と言う交換手段の専売業が何の実りも残さず、何ひとつもたらさないとすれば、それはどんな商人も理解できない奇妙なケースだ。

フランスでもドイツでもイギリスでもアメリカでも、銀行券独占発行は毎年かなりの額の収入を生んでいる。ドイツでは金で保証されない銀行券の五%(現在国は五〇〇億の銀行券発行によって毎年五%=二五億マルク)の利益を得ている。三億ペソの銀行券発行がもたらすはずの利益は一体どこにあるのだろう? その答えは、負債にあてられた元金と利子だ。

この場合国は通貨管理局にその額の負債があり、当然返済されなくてはならない。国は債券で支払おうとするかもしれない。債権の発行は取引や商品交換に必要な貨幣を供給するためのものである。国庫の要求と市場の要求を取り違えてはならない。

この三億に対して、債権で管理局に賠償しなくてはならない。これは正当な要求だ。

人は紙幣に反対する。市場が蒙る全ての困難に対して責任を持たせることでその武器を奪うのだ。

こうして三億の債券を支払い、この資金と年ごとに加わる利息によって通貨専売管理局が全ての過剰な貨幣を回収し、変動を抑えることが出来るかどうか、管理局がこの家の紛れもない主かどうか、紙が実際貨幣として役立つかどうかが分かる。

銀行券の発行によってもたらされた三億は発行者のものだ。この法的な金を返済するまで、紙幣の利点と欠点を判断するのは少なくとも早計だ。

金を貨幣の材料に選んだヨーロッパの国々はこの金から何の利益も得ない。硬貨が死んだ資本だからだ。

反対にこの金の利息が求められる。こうしてロシアは昨年大量の金を買い入れ、その支払いに債権を発行した。

オーストリアとイタリアも同様だ。そしてアメリカで行われた五％の債券発行はしばしば準備金を崩し、北アメリカの住民にとって甚大な費用となっている。

私は国の通貨ペソのために、誰にも犠牲を求めない。紙でできた貨幣は金でできたその仲間のように尊大ではない。我々の控えめな貨幣のために、他の国々が金の貨幣のために与えてきた愛のうちの、ほんの小さなかけらだけでいいからお願いしたい。金のためにはどんな犠牲でも払うのに、紙では駄目だと言って紙幣をいじめたり、食い物にしたりしてほしくない。それでは不真面目だ。

健全で合理的な通貨政策を追求しなくてはならない。自分たちのペソ紙幣を発行し、どちらがより良い貨幣であるのか見極めなくてはならない。流通需要への配慮なく現在クロンダイクの冒険が発行している貨幣か、或いは市場の状態を十分に研究した後で我々がここで発行しようとしている貨幣か。そうすれば、偶然や冒険に導かれた通貨政策が市場の需要を導きの糸とした政策に匹敵するかどうかはっきりするだろう。

国庫の搾取が引き渡され、徹底的に略奪され取り尽くされ、置き去りにされた後も、貨幣専売は自らが実り豊かで力強い事を証明し、外からの助けなしに自力で悲しい状況から苦心して抜け出さなくてはならない。

肥料もくれないケチな農夫に実りを搾取されても、時がたつと本来の力を取り戻す実り豊かな農地のように、通貨専売局も振る舞うのだ。

このためわたしは、発行した三億の銀行券の収得金を専売管理局に賠償するというこの最初の要求に固執しない。むしろ私は、専売業者がそうした助けなしに現在の状況から解放されることが出来ることを示そうと思う。それは整理された管理に必要な資金を作り出すために、まだ残っている力を貨幣専売に与えることだ。

気を付けよう。数年来、つまり前回の銀行券発行以来、一部は切り替え銀行による紙幣の焼却によるものの、主に人口の増加によって為替は上がっている（商品価格は下がっている）。それは当然だ。より多くの人口はより大きな取引に対応して、より多くの貨幣を必要とする。増大する貨幣需要に対して十分な銀行券の発行が行われなければ、そうした遅滞のための自然な結果として商品価格が後退する。さらに増大する人口のために安定した価格状態を望むのであれば、新しい貨幣はそうした成長に合わせて発行されなくてはならない。

金は現在の相場で二六〇だが、三五〇やそれ以上のこともあった。法律によって安定した金価格を保つ権限を切り替え銀行に付与するとしよう。金が三五〇から二六〇に下落するのを防ぐために、どれだけの銀行券を発行しなくてはならないだろう？

計算すると次のようになる。約二億九〇〇〇万の銀行券では金の価格は二七〇であり、三五〇の状態を保つために必要な銀行券発行はつまり、

二九〇（ミリオン　訳者）：二七〇（千　訳者）＝一〇七四×三五〇（千　訳者）＝三億七五九〇万

そのうち現在の保有量が二億九〇〇〇万

よって八五九〇万ペソ

金が三五〇の状態から下落するのを避けるためには、貨幣専売管理局（現在の切り替え銀行）は、現在の銀行券流通に加えて八五〇〇万ペソ更に発行しなくてはならない。そして発行したこの八五〇〇万で購入した全ての種類の有価物（為替相場、債券、金あるいはそれ以外のどんなものでも）を使って、今度は八五〇〇万ペソの法的な貨幣、すなわち発行された銀行券全体の二五％を流通から引き揚げることが出来る。この額では貨幣の下落傾向を止められないとでも言うのだろうか？ヨーロッパの諸銀行も準備金を持ってる。しかしいかにそれが多くとも、貨幣流通総量の二〇％には決して届かない（国立銀行は例えば、当時通貨政策措置のための武器として銀行券発行の内、商業手形に関するものだけ意のままにした。それは、当時一〇億あるいは六〇億と見込まれる貨幣流通総額の六分の一だった。今日硬貨が消え、より大きな為替の額が存在する。為替債務者は支払不能なため、この為替〈財務省短期証券〉を通貨政策の処置に用いることは出来ない）。

三五〇から二七〇への金の下落を生む理由がまだ他にもある。人口が増加しそれに応じて取引が広がる。人口と取引拡大と共に貨幣需要は増大し、需要や貨幣の不足のために価格がさらに下がるのを望まないのであれば、銀行券総量を一歩ずつ増やすことしか方法はない。新たな銀行券のこの不可避で緩慢な発行は、貨幣専売管理局にとって恒常的で確かな収入源となり、収入は人口増大に対応する。人口が一年に一％増加すれば年間収入は三〇〇〇万ペソとなり、二％増加すれば年間六〇〇〇万ペソとなる。

現在の人口増加は国民自身によるものにほぼ留まっている。為替の高騰の結果生じた恐慌が移民を押しとどめているからだ。通貨政策が新たな方向を生み出すことに成功すれば、商工業は再び活気を取り戻して新しい移民が流入する。

価格後退や貨幣不足によって国の生産力の健全な成長を阻むダムを取り壊せば、貨幣への需要は必ず上昇し必然的にたえず増大する規模で上昇する。

この国の経済史は、この国に広がるまだ搾取されていない領域の富が持つアルゼンチンの未来への希望を感じさせてくれる。この同じ確信が、アルゼンチンの貿易が貨幣需要の増大を生むだろうと期待させてくれるはずである。

四〇〇〇万の人口が取引するのに三億の貨幣で十分でないのであれば（その不信の理由は絶え間ない全般的な価格後退にある）、五〇〇〇万人の人口に三億七五〇〇万、六〇〇〇万人に四億五〇〇〇万の貨幣が必要となる事が分かる。

注意。これらの計算はみな、我々の海外市場での金と商品の交換比率が変わらないことを前提としている。そのため下落上昇に関わらず金に反映する価格については、これらの計算の前提には含まれない。ヨーロッパの商品価格が下落すればこの国でも下落し、均衡を保つために紙幣を回収しなくてはならない。商品価格が上昇すれば（金に反映すれば）、これに対応する紙幣を発行しなくてはならない。

それでも貨幣専売管理が準備金を持たなくてはならない理由は、人口増加だけではない。それは最重要ではない。

すべての貨幣需要の基礎は、個人財産と分業にある。この二つの経済要素が成長するほど貨幣需要は大きくなる。

個人財産も分業も共にアルゼンチンではまだまだ十分拡大可能だ。分業の欠如によって市場のためにほぼ何も生産していない地方が殆どだ。住民たちは必要なものを自分で作ることで満足し、自分の腕と周辺の自然が与えてくれるもの以外望まない。運送手段がなければ商品交換と分業は不可能だ。地方には貨幣需要は存在しない。鉄道の線路が日々延びれば、大量の生産品を運び出して価値を与えることが出来る。この価値が分業を増やす刺激となる。それゆえ鉄道の線路が延びるキロ数毎に貨幣需要は増大する。そしてこの鉄道建設と歩を併せて銀行券の発行を増大しなくてはならないのだ。

成長する分業による貨幣需要の増大はどのくらいだろう？　これもまたほぼ正確に計算することが出来る。

一八九二年から一八九七年にかけて金の価格は三七〇から二七二とほぼ三〇％下がった。

この間、切り替え銀行が焼却したのは
一〇〇〇万、つまり　三%
そして人口の増加は約　一〇%
合計　一三%

これを三〇%から引けば増大した分業は一七%、つまり年約二%となる。分業の増加が数年に亘り同程度に続くと仮定するなら、その結果増加する貨幣需要に新たな銀行券の発行で応えなければならない。さもなければこれまでの数年と同じく通貨の価格は上昇し、あるいは同じことだが商品の価格が更に下落するからだ。

人口増大とその他の理由が貨幣需要に及ぼす影響に対抗することの出来る力が存在することを私は疑いなく認める。貨幣の流通速度が速められる事態が起こりえるのだ。それは取引において貨幣発行の増大と同じ働きをするだろう。

こうした事態が起こる可能性を証明するような統計的に立証された事実がある。例えば分業がフランスよりも進んでいるイギリス市場は、フランスで絶えず流通している貨幣の半分も受け入れることが出来ない。

理由は貨幣を扱い需要に合わせて流通を調整する銀行の機構にある。

私が先に提案した通貨政策によって、市場に貨幣価値の更なる上昇を期待して引きこもった全ての金が再び市場に持ち込まれることで、貨幣流通を即座に加速させるだろう。そのため加速された流通が引き起こす価格の影響と戦う用意を即座にしなくてはならない。

「マルホール統計辞典」によれば、国民一人あたりの貨幣流通は以下の通りである

英国	四・四ポンド
ドイツ	五ポンド
アメリカ	七ポンド
フランス	一一・八ポンド

二億九〇〇〇万にのぼる我々の銀行券流通は、現在の相場の二七〇で国民一人当たり四・七ポンドとなり、前述した調査によれば取引に対して最も少ない貨幣しか必要としない二つの国の間に位置している。このことから我が国では通貨は既に速い速度で流通しているため、著しい加速といった大きな危険はないだろうと推測出来る。

アルゼンチンの貿易に使われる貨幣量が少ないのは、貨幣需要の不足や分業の不足と所有権移譲の不足を意味しているのではないだろうか。個々の事柄に踏み込んだ調査なしには、この質問に答

えることは困難だろう。このことは脇に置いておこう。確かなことは現在効力のある通貨の発行法への期待による為替の上昇が、発行された三億の内の重要な部分が流通するのを手控えさせていることである。確実なのは「為替の改善」は現在貨幣の流通を妨げ、提案した改革はその反対に流通を良好にするだろうということだ。

提案した改革が通貨の流通を即座に加速し、価格を押し上げるよう働くことは確実である。

他方この改革提案が商工業を新たに活性化し、増大した生産品が増大した貨幣供給（恐らくは剰余を恐らくは調整するだろうことも同様に確かなことだ。

待ちわびた迅速な貨幣流通が増強された商品生産（貨幣需要）によって調整されるという効果が確実だとすれば、貨幣専売管理局は以下のようになるだろう。

人口の増加の結果生じる増強された貨幣需要を調整する毎年の銀行券発行

二億九〇〇〇万ペソに対して二％　五八〇万

同様に増加する分業を生み出す強まった需要に応えるために

二億九〇〇〇万ペソに対して三％　八七〇万

合計（ペソ）　一四五〇万

同様に二年目も一年目の収益への利子を加算し、そして三年後には貨幣専売管理局はすでに商品取引所でも第一級である五〇〇〇万ペソを超える額を意のままにする。

為替を「悪化」から守るためにこの額では不足だろうか？

三年で銀行券の発行は三五二に上昇するだろう。そして、貨幣独占管理局の金庫に存在する五〇〇〇万は、全発行額の七分の一となる。

貨幣流通を正常化するために、これほどの手段を持っている国が他にあるだろうか？

予備金であるこの五〇〇〇万を売却することで、貨幣独占管理局はもっとも難しい流通箇所である商品取引所でも貨幣流通総量の一五％を回収することが出来るのだ！

この予備金が人口増大、分業の発展、そして占有変換にそのまま見合った形で毎年徐々に増加する。アルゼンチンの取引と歩を併せて貨幣独占管理局の力も増大し、数年の内にその権力領域を制圧する〈結果は前述した予想と計算を完全に証明した。一九〇三年、アルゼンチンの本位制が私の提案を実行した三年後、指摘した以外のいかなる力も借りることなくすでに四七〇〇万金ペソを切り替え銀行にもたらした。創設時準備金が皆無だった切り替え銀行は、独自に無料で流れ込む資財によってすでに一九〇三年には一年間金プレミアムを変えることなく法が定めた数値、つまり一二七・二七に留まり続けるという形で通貨市場を支配した。今日アルゼンチンは、四億七二〇〇万ペソ〈一ペソ＝四金マルク〉の金の財宝を意のままにしている。銀行券の八〇％は金によって「保証」されている。他の銀行券発行銀行の調整方法と比べてみる必要がある。アルゼンチン〈現在はドイツも〉

では流通する貨幣は全て国立銀行券だったのに対して、当時のドイツでは貨幣の主要な部分は国立銀行が何の影響も持たない金貨と銀貨が占めていた。ドイツ国立銀行の政策の弱さは主にそこから来ていた。硬貨の流通量が多いほど国立銀行は弱かった。この事実関係を国立銀行は今でもまだ完全には理解していない)。

結　論

紙でできた貨幣は全世界で大きな不信を招いている。そしてそれは驚くことではない。なぜなら自分で判断を下す前に事実を究明するほど皆が呑気ではないからだ。

人はいつ紙幣を手にしたのだろう？　硬貨が支配する中、しばしば恐慌が起こり（アメリカ、イタリア等で）そして諸国の政府は国庫の要求と取引の要求を取り違えて貨幣を製造するのに楽な手段として銀行券発行を利用した（イギリス、フランス、ロシア、イタリア、アルゼンチン、チリ等で）。戦時中であれば飢餓や伝染病の結果硬貨が消えた（グレシャムの法則）。ようするに緊急時には貨幣流通を改善しようと努力するのではなく、貨幣とは全く関係のない力に屈するのだ。

紙幣の全ての歴史の中で、取引のための利点を約束して紙幣に手を出したことはただの一度もない。紙幣のためにいかなる犠牲も（硬貨のために日常的に起こっているように）払われなかった。自分を救う道を自分で奪ってきたのだ。

虐待を受け食い物にされ取引で正当な要求も得られない紙幣が、あらゆる政府から甘やかされて育った最愛の息子であるお仲間の硬貨に比べて不完全だと証明されても不思議ではないだろう。記憶に新しい連想から紙幣と言う言葉が恐慌や飢饉、戦争や困窮を思い出させたとしてもそれは全く当然ではないだろうか？

この国では政府の部署として切り替え銀行がある。その名が意味する目的に対応するのであれば、硬貨に戻ろうという意図があるはずだ。切り替え銀行の存在はその方向への第一歩と見なされるべきだ。

貨幣の切り替えがすでに決定事項なのであれば、今日硬貨が持つ問題と課題がこの国では既に解決したと考えざるをえない。なぜそうした問題が起こったのか？　銀のためか、金のためか、複貨本位制のためか、自由鋳造のためか、規制された鋳造のためか？

貨幣の切り替えの決断は、深く追求されることもなく容易になされたものと私は思う。

今日硬貨システムへ移行することは暗闇へと飛び込むことを意味する。現在のクロンダイクとトランスバールの偶然と冒険に発行量が委ねられるという状況自体、すでにこの貨幣システムが巨額の不足を招くことがあり得ることを証明している。しかし不足は永遠に続くものではない。

銀についてでは最近鋳造権がはく奪され、その影響による価値の下落が銀を貨幣の材料として選んでいた全ての国々で巨大な損失を生んだ。金には注意が必要だ！

金の鋳造権廃止は、地上のどこかで紙幣によって真剣な試みを行うと決定した日に行われるだろう。その時金問題は永遠に解決するだろう。

アルゼンチンという国に、この問題を解決したという栄誉が与えられるだろうか?

シルビオ・ゲゼル

一八九八年五月　ブエノスアイレス

注意。銀行券発行に関する我々の法律変更の緊迫感を取引の現状がどれほど理解してくれたのか、また国民の支持によるこの法律に反対する戦いが可能であるかどうか確認することが私にとって重大だった。そのため私はこの著作に一枚のハガキを添え、貨幣の高騰に現在の不況の本当の原因を見るすべての人々が署名してその確信を公に公表するよう頼んだ。この同意宣言を集め、ここで紹介した改革提案の実現のための豊富な広告手段として利用することを意図した（一八九八年ブエノスアイレスで公にした私の著作をここで終える。通貨問題において国民が陥っている無知の印として、ここで言及したハガキは非常にわずかな同意の言葉と、非常に多くの下品な呪いを私に向けるために使われたことを書き添える）。

前掲の著書には後に以下のものが付加された。

全ての国民は自分に相応しい貨幣を持つ

我々の貨幣問題の中で多く語られたが、あまり熟慮されなかったことがここ数日で明らかになった。そのため、我々が一〇年前と同じように解決には遠いことは驚くに値しない。

この問題を深めた者はいない。一〇年前と同じ無知が支配している。過去に語られ書かれたことと今日の議論を比較すると、少しも進歩がないことが分かる。

我々の紙幣の刻印の文言が無意味であること、健全な理性にとって笑い種であるようなこの文言が刻印された貨幣を受け入れることを自らの尊厳の元に制すべきだろうと私はすでに六年前に警鐘を鳴らした。しかしこの紙幣は依然として流通し誰一人異議を唱える者はいない。

国の通貨一〇〇〇ペソ

紙幣の保有者が提示すれば国立銀行が支払うことを約束している国の通貨ペソが一体何であるのか満足のいく説明を与えることの出来る者、即ちこの紙幣にある刻印の文言の意味を明らかにした者に私は一〇〇〇ペソ支払う。

そして誰かがこの寄付を獲得するまで、貨幣について多く語られるがあまり熟慮されないと私は繰り返し続ける。そして通貨問題に判断を下そうとする人に対して堂々と助言をする。彼は口を閉ざし一度はそのことを探求するだろう。

現実の出来事によって検証することで知見を深めた研究だけが通貨問題を最終的に解決することが出来る。価格を決定する経済法則が一般的に知られるようになることはひとつの確かな保証であり、貨幣の保証のための無限の担保なのだ。

通貨問題に関する研究を活気づけるために私は自分の財布から寄付しようと思う。

シルビオ・ゲゼル

一八九八年一〇月一〇日　ブエノスアイレス

追　記

戦争は誰に対してもいかなる利益をもたらしてはならない。税、伝染病、飢餓、オルガンを回す者、物乞い、戦争による障がい者、ルンペン、これらは三〇年代同様今回も戦争の贈り物だ。本当に平和を溢れさせる精神がドイツ人家庭の竈にやって来るまで資本によって躾けられた無頼の徒は飢えなくてはならない。抵当権の償却や、八時間労働や、住居や、ソロンの「荷卸し」など皆無だ。利子は下がらず政治的自由はなく、何の喜びもなく、不快なものばかりを戦争は残して行った。より良い認識すらなく、戦争で「学びなおした」者でさえただより深く幻想に入り込むにすぎない。

ヘルファリッヒの紙幣経済のお蔭ですべての借金から解放される望みを抱いていた者たちも、財産膨張税と共にヨブの隣で糞尿の中に座って戦争の膿瘍をガラスのかけらで掻き取るのだ。いやそうであってはならない。後になって債務者層が債務の圧力から逃れる手段として戦争を思い出すのだとしたらそれは聖霊に対する罪だ。

戦争はその名前だけで一人の例外なく、誰にとっても戦慄を呼び起こすものでなくてはならない。そのことで戦争は我々がそこから得ることの出来るただ一つのものをもたらしたことになるのだ。

R・ワーグナー・ジュニアによる印刷

ワイマール

国際連盟再編とヴェルサイユ条約再検討についてのドイツからの提案

バルメンギムナジウム大講堂での公開講演　一九二〇年一二月二〇日

戦争の生み出したものは全て戦いの神がもたらした疫病で満たされ滅び行く運命にある。やはり戦争が生み出した国際連盟もまた滅びるだろう。現在すでに最初の崩壊が始まっている。ドイツは連盟から除名され、アメリカ合衆国は距離を置き、アルゼンチンは連盟から再び脱退した。戦争が実らせたこの果実はすでに腐敗しているか、そうでなくとも何もしないままに朽ち果てるだろう。

しかしだからと言って国際連盟という考えが不健全であるというわけではない。血まみれの手で作られてはならない、と言うだけの事だ。連盟は閉鎖されるだろう。それを押しとどめようとする努力も早晩尽きるだろう。事は動き出しもはや留めることは出来ない。国際連盟を堰き止めようとする力がどんなものかを認識し、その大きさを正しく見極めることだけが大切なのだ。ロンドンもパリもジュネーブも、国際連盟のためにどれだけのものを犠牲としなくてはならないかをまだ知らない。そうした場所では国際連盟は力づくといった安易な方法で実現できると信じられている。パリも再び事実を正視することを学ばなければならない。

国家は何のために暴力を必要とし、或いは必要としたのだろう？　なぜ国際連盟を創らなくてはならなかったのだろう？　国際連盟はなぜそもそも破壊されない堅固さをもたないのだろう？

国際連盟を人類連合と決して取り違えてはならない。国がなければ、もともと人間は互いに固く結ばれているのだ。人類は日々ますます強く深くなる共通の利害を持っている。人種も言語も習慣も争いごとや戦争を生み出すことがなかった。合衆国のように人種問題のために法整備が忙しいところでは、定期的に口実が重要となる。経済的な関連を全く理解しないアメリカの労働者は、中国や日本の労働者との競争を恐れている。中国人の移民が自分たちの利益になるのであれば、ドイツの農民が外国人労働者のクーリーまで含めた移民を擁護したのと同じことをするだろう。

しかし人間と国家では異なる。完結した機関である国家では拡大本能が支配し、同様の国々を犠牲にすることでそれを満たす。そしてそれは一方が他方を食い尽くすことでしかなしえない。一人一人の人間は一人の人間以上ではありえない。隣人を食い尽くしてしまえば強くなるどころかかえって弱くなる。最強の国家は他のすべての国を食い尽くし、ただ一つ生き残った国だ。最弱の人間は、人類すべての闘いで最強となった者だ。彼はたった一人で分業なしに命をつながなくてはならない。一人一人の人間を強くしたり弱くしたりするものが、人間集団をも国家をも強くしたり弱くしたりする。もしそうではないと言うなら、そのこと自体がこの機構が誤った基盤の上に建てられていることを示している。構造的欠陥がどこにあるのかこれから見て行こう。

国家は相互関係にある経済体である。宗教も芸術も言語も他の国と対立するきっかけとはならない。芸術と宗教しかなかったとしたら、ピラミッドに眠るミイラのように何千年も国家は互いに平和の裡に隣接していただろう。しかし経済体としての国家はいつもその限界を超えた。経済が全世界を求めるからだ。必要な原材料のために其々の国は世界貿易を必要とする。そしてある国が外国の原材料の購入代金を支払うためには、自国製品の販路を外国に求めなくてはならない。

経済体として自分の国だけで完結出来る国家などない。それどころかみすぼらしい産業しかないボルシェビキの大帝国ですら、世界との経済的関係なしに生き延びることが出来るとは信じていないのだ。地上の全ての産物を余すところなく利用する分業を発展させてこその国家なのだ。

生産物の売買が常に行われるのであれば、其々の国が地表全体を閉鎖しかねない国境線を力づくで引くようなことはなかっただろう。そして国境を越えて拡大しようとする要求も起こらなかっただろう。それぞれの国民は自国の中であらゆる攻撃から守られ、武装することもなくお互いに武器を手に取ることもなかっただろう。

ここで明らかになった様に、戦争は国境による閉鎖と密接な関係にある。この国境閉鎖を今日人々は当たり前のように主権と考えているため、国際連盟に決議してもらおうなどとは当然考えていない。世界政治の主要な、あるいはそうでないとしても唯一の喧嘩の種を、ジュネーブで協議することなく国際連盟として一致しようと試みているのだ。このことは最近ブラウンシュバイクで会議を開催し、多くの和平を愛する人々から多くの素晴らしい賛辞を受けながら、民族や人々のいかなる経済的な要求にも触れることのなかったドイツ平和団体に似ている。ジュネーブでもブラウンシュバイクでも、国家の主権と国境関税を不可侵のものと信じている。無駄な努力だ！　国境関税がある限り、世界自由貿易がジュネーブで人間の不可侵の権利と関税の主権を廃止しない限り、この同じ境界への圧力は消えることがなく、税関のゲートを戦車で破壊しようとするだろう。

わざわざそう呼ばれることがなくても、自然で普遍的な人類連盟の最初の基礎を作るのは、勤勉さが作り上げた産物を交換しようとする要望と必要性だ。自国の領土が外国の国境関税によって狭められたり国境が関税や保護関税によって封鎖されれば、生産物を交換しようというこの要望が国境を力づくで広げさせようとするのだ。

人間の要望が人類連盟を創る。そしてこの同じ人間の機構である国家がこの連盟を破壊する。同じ目的に向かう道の上で人類連盟が掛けた橋を国家が破壊するのだ。

我々は何をなすべきだろう?

道ははっきりと描かれている。ジュネーブで国境関税の主権を世界に向けて高らかに放棄しなくてはならない!

世界自由貿易を共通の人類権利としなくてはならない。国境関税によって人類の最も大切な権利を妨げようとする人々を罰し、排斥するための防衛力が必要だ。

そうなれば人類連盟が生まれ国際連盟は余計なものとして廃止される。この行動が失敗するとすればジュネーブで国際連盟について話すのは本来必要な犠牲を払わない偽善者たちであり、そこに集まるのは乗り越えなければならない困難が何であるかを知りもしない饒舌家だけだという事なのだ。どちらの場合もまともな人間はジュネーブで何一つ有意義なものを見つけることは出来ない。アルゼンチンの例を辿る以外ないのだ。

管理を完全に免れた世界自由貿易こそが、国際連盟の決まり文句であるべきなのだ。

関税協会が当時ドイツ連邦を経済的に分かつことの出来ない一体のものに結び合わせたように、国家主権を廃止することで税関をなくし世界中の国が経済的に結びつく。国境関税を設ける国家主権の廃止を求めることが、国際連盟への真の道に立つためのただひとつの道なのだ。

自由貿易を目指すにはその手段が必要だ。そしてその手段を知ろうとするなら国境関税をかけようとする力をまず知らなくてはならない。上から簡単に命令するだけでは関税保護から自由経済へ移行させるというような影響の大きい措置を実行することは出来ない。関税を課す推進力は自由貿易を行おうとする力をも停滞させる。自由貿易は全ての人々の個人利益を保持し、推進するものでなくてはならない。それが出来ればもはやひとつの可能性というだけにとどまらず、自然に道が拓かれる。国境関税の設置へと向かうすべてのものは除かれなくてはならない。これは大きな要求だ。我々にとって国際連盟までの道のりがまだどれほど遠いのかということを見極めさせる要求だ。

関税は財政関税か保護関税である。国の金庫か、あるいは保護された利益者の金庫を満たすためのものである。ここではその内、保護関税のみを扱う。財政関税はいつでも、何の問題もなく直接税に取って替えることが出来る。納税証に数%追加すれば解決することである。人々は多く納税する代わりに外国製品をその分安く買うことになる。このことに関しては何ら政治的障壁を恐れる必要はない。しかし保護関税は別だ！　農場主と企業家から即座に大きな声が上がる。彼らはすべて外国商品の価格に対抗するために商品をより安く生産しなくてはならない。彼らの地代、配当金はその被害を蒙ることになる。大衆は安価なベーコンや小麦、鉄鋼を喜ぶ。しかし地主や工場主はどうなるだろう？　家族の食卓のパンが節約出来たところで地代や配当金の損失から見れば何の足しにもならない。人々は利益を得るがそれは彼らのポケットから支払われたものなのだ。関税によって彼らが利益を得、その分人々が不利益を受けていたのが逆になっただけだ。その間、つまり関税の導入以来彼らの利益は畑の価格となり、相続配分によって抵当権へと移って行った。関税撤廃は多くの農場主にとって経済的失墜であり、反動で不動産銀行の倒産を引き起こす。そのため自由貿易を簡単に導入することは出来ない。倒産への恐れから絶望に駆り立てられる農民たち、最も多数を占め、最も閉鎖的で、最も有力な立場にある農民たち、その財産に押し掛ける数えきれない抵当権所持者たち、そしてさらに彼らに係わる全ての者たちに抗ってしまっては自由貿易を実現することは出来ない。

　自由地の考え方が実り豊かなものであることがここで再び明らかになる。個人的な土地所有権を解消して国民の土地とすることで、いま述べた困難をすべて解決することが出来る。自由地化の実行によって地代に対する全ての個人的利益や国の利益は完全に消滅する。外国小麦との競争は隣人との競争以上の関心事ではなくなる。「この競争が進めばパンの価格が下がる！」。農民はその分支払う借地料が減る。受け取る額が減り支払う額が減ることでバランスが取れる。あらゆる生活用品の価格が下がれば消費者はその分多くの税を支払うことが出来る。これも相殺される。国家が農民から得る借地料の減益は増加した人々の納税力が補ってくれる。

土地財産を自由地に変換すれば自由貿易の導入が農業生産に与える経済的な影響は個人的立場から見て何もない。

自由地によって自由貿易の考え方の実現を農業が阻むことがなくなった。しかし産業上の貿易保護との戦いには全く異なる備えが必要となる。ここで問題となるのは地代の保証ではない。産業上の貿易保護を必要とするのは価格低下がもたらす販売危機なのだ。労働者の仕事がなくなり世界を巡っても成果の上がらない営業マンは、厳しい競争と過剰生産ばかり口にし、倉庫や商店に商品が山と積まれ満期の支払いに現金が不足するようになれば、国による貿易保護を求める声が上がることは火を見るより明らかだ。生産したものを消費できない。そうなれば少なくともこの生産余剰分を我々の市場から締め出さざるを得ない。外国の競争と価格圧力を関税によって封鎖し関税保護を導入すれば、小さいながらも確実な市場を少なくとも持つことになる。

あらゆる時代におけるあらゆる叡智の結末はこうなのだ。このような貧弱で空虚な見解をいくら批判しても決して人々を納得させることは出来ない。多くの経済的関連性は数学的、科学的知識と同様に、立法権を持つ民主主義的大衆の理解力には届かない。貿易保護に対抗する自由貿易のために語られる根拠もその類にもれない。それらは決して功を奏したことがないからだ。危機の圧力の元にある企業家や商人たちは自由貿易の原則になかなか傾かない。イギリスが唯一自由貿易を続けている国であることを我々は今日再び知る。イギリスはこのところ価格後退へ向けた通貨政策を実行して、恐慌と不況との厳しい戦いを耐え忍んでいる。織物産業の大部分は破産し当然染色産業も同様だった。染料市場は縮小し販売危機によってイギリスよりもさらに酷く締め付けられているドイツの工場は、契約を求めて値引きをしている。このことで染料の輸入が法的に禁じられた。価格後退がなければ織物製品の不景気はなかっただろう。染色工場はフル操業し、ドイツとイギリスの染料工場は定価で需要に応えるためにきっと汗をかいていただろう。通貨政策の不手際のせいで関税封鎖が実行され、これに続く事柄はイギリスとドイツの関係を平和的なものとすることは決してないだろう。恐慌が起これば、執行人たち（公的手形を無理やり促進する責任を負わされた役人）が抵抗にあった為替（支払いを拒否された為替）を手に企業家のドアをノックするだろう。そして彼らはパニックに陥る。理性的に自由貿易的に考慮する道を閉ざされるのだ。前世紀最後の一〇年の価格変動の流れをグラフに表せば、強く下方に向かうカーブを描くだろう。そしてその隣に自由貿易運動の流れをグラフで表せば、最初の線と平行に走る線を描くだろう。価格が後退しただけ貿易保護システムが整備され、これに関連して武装熱が進んだのだ。

それゆえ企業家や商人たちを価格後退やそれに伴う不景気から守る術を知らない限り、自由貿易や平和や武装解除のために戦っても意味がないのだ。逆にそうした術を示すことが出来れば、更には現実に証明することが出来れば、そうした戦いは不要なものとなる。すべての企業家、商人、小規模な手工業者も価格の後退さえなければ当然自由貿易に賛成なのだ。

前に述べたことから次の事が分かる。自由貿易への道は安定した価格状態の上に立つ通貨がもたらす。そうした通貨は金や銀ではなく、今日拒絶されている紙幣によってしか決して作ることは出来ない。完全な、もしくは堅固な安定という周知の基本に基づいてドイツ通貨局が通貨を交付すれば、経済的政治的な性格を持った世界的な事件も価格後退も全般的な恐慌も生じることはない。そうなれば完全な自由貿易と国境関税主権を放棄する道を妨げるものは何もない。我々は人々に呼びかけることが出来る。ベルリンに来てください。新しい、本当の経済的な国際連盟を創りましょう。見てください、自由貿易が始まりました、見てください、農民たちは自由地によって、産業は自由貨幣によって自由貿易に賛成したのです。見てください、二つの改革で彼らが発展した様子を、国々が相互に理解し合うために必要な平和の精神が到来しようとしているのを。ベルリンで大規模な世界自由貿易会議を行いましょう！

国際連盟が出来るとしたら、それはそのまま自由貿易連盟でもあるのだ。そうでなければ内容を伴わないものとなってしまう。貿易こそ国家の間に生まれるただ一つの摩擦面なのだ。この摩擦から火花を出さないようにするためのただ一つの道こそ自由貿易なのだ。この戦争は資本主義者によって企てられたものだと今でも多くの人が考えている。産業界のわずかな部分を占めるに過ぎない軍需産業が戦争で利益を望んだとすればそれは計算違いだった。戦争はいつもどのような状況にあっても資本家にとって不利になることを、戦前すでにイギリスのアンゲルが詳細に報告している。資本家は通常、計算と言う技術をとりわけ大切にしてきた。こうした困難に際して資本家たちはこの著者の教えに従うべきではなかっただろうか？　ヴィスバーデンやニッツァの別荘ですばらしい日々を送る資本家たち、この不労所得者たちは戦争を望まない。彼らにとってこれまでの世界が完全なのだ。彼らは戦争も革命も望まない。戦争から容易に革命が生まれることも良く知っている。好戦的な人々は空腹や危機が育てたプロレタリアートなのだ。彼らは戦争や革命によって自分たちを縛り付けている鎖以外、何も失うものがないと考えている。国境関税に閉じ込められた企業家や恐慌で破産におびえる商人の方が、資本家よりもやはり好戦的だ。もし最終手段（最後の方法、逃げ道）としての戦争を捨てようとしない人がいるとすれば、もし一九一四年の宣戦布告を喜んで受け入れた人がいたとしたら、それは新たな関税に販路を奪われ、戦争に活路を見出していた企業家だったかもしれない。彼らはこの戦争を、関税戦争を終わらせ、国境関税を一〇〇マイルさらに東に或いは西に引くための手段と考えた。ひょっとすると彼らにとっては勝っても負けても同じだった。自分の国が併合する側でもされる側にまわっても、どうでもよかった。

人間は全地球を必要とする。一つの国が他の国を締め出すためにこの地上の一部を閉ざせば、早晩戦争を引き起こすことになる。自由貿易と平和が同義であるのと同じように、関税と戦争も同義なのだ。

地上の全て、太陽の周りに大きな弧を描くこの地球は私のものだ、あなたのものだ、我々すべてにとっての日の当たる場所だ。この場所をめぐっていかなる主権も人と争ってはならない。

国家主権が進めば国境関税が悪用されてしまうのだ。

多くの人がここでため息をつきながら言うだろう。ヴェルサイユ条約が我々ドイツ人に圧力をかけて脅している今、どうやって国際連盟や自由貿易に向かうのだ。背に腹は代えられない、危機から脱することが何より重要だ。この条約でこの崩壊から命を生きながらえる希望が与えられるのか確証することが重要だ。この条約がもたらした危機ですでに数一〇万人が亡くなった。数百万人がまだ自殺を考えている。

確かにおそらく実行出来ないほど条約は厳しいものだろう。この先まだどのようなことを課されるのかも全く分からない。確かにパリで支配的な人々は出来ればドイツ人を滅ぼしたいのだろう。その意味ではベルリンよりも毫《ごう》も良いわけではない。もし可能ならパリでも共産主義者を火と剣で根絶やしにするだろう。多くのフランス人にとって、ドイツはそれが正当だろうが不当だろうがいかなる方法をとってでも、命を絶つことでしか信じることの出来ない永遠の危険材料なのだ。この高度に文明的な目的のための最も安価で人間的な方法は、経済的圧迫であり飢餓であり、若者を結核にすることだ。

いずれフランス人たちはこの脅迫観念から脱して自信を持ち、今は背後に隠れている文化人たちが再び表舞台に出てくるだろう。そうなればパリの人々はヴェルサイユの条約文書そのものを紙くずとして、戦争が生んだ廃棄物の山に投げ捨ててくれるだろう。

このプロセスを早めるために、我々はここドイツで沢山出来ることがある。平和の意志が、平和精神が、ドイツで広まって支配的なものになれば、教会や学校、新聞で国際連盟のための前提となる精神が普及すれば、比類なきドイツ軍の力を以ってしても達成できなかったものを、残った哀れな小隊で達成出来るわけがないという理性的な考えを、我々が至る所で公に示せば、パリもきっと確信するだろう。確信こそ正しい思考と行動の最も重要な前提なのだ。

ヴェルサイユ条約の修正が我々にとって生命線であり、それがドイツを支配する精神に大きく掛っているのであればこうした疑問が湧く。ドイツの平和精神に突破口を作り平和の樹を根ざす畑を用意するために我々には何が出来るだろう?と。かつて文化の問題だった平和がドイツにとって今や生きるか死ぬかの問題になった。

戦争の神が生まれるのは手にライフルを押し付けられ、見ず知らずのそれも立派で愛すべき人々を撃つように命じられた時ではない。戦争の神は一九一四年八月一日に、鳩かカラスの姿で突然ドイツとロシアとイギリスとフランスの上にやって来たのでもない。戦争の神は遠くから凪に乗ってやって来るのでもない。そうではなくふるさとで、自国の地で生まれ育つのだ。我々自身の社会状況が生んだ実の子なのだ。人殺しの巣窟からは戦争の神しか生まれない。この人殺しの巣窟は全ての国の経済状況の中で作られた。かつて群盗を兵力で奴隷にして自分たちの人生の困窮を押し付けようとしたのと全く同じことを、ドイツ人もフランス人もアメリカ人もプロレタリアートに対して行った。そしてこの不自然な状態を無理やり正当化するために法律を利用したのだ。

労働者と享受者とのこの二極化が戦争の神を成長させ、悪を生み続けるに違いない泉を作った。暴力と抑圧の神が習慣や法律、仕事や言動と言った至る所に現れ、他のものに混じって国境関税を設定する主権を誤って使用させるのだ。

戦争の神と戦うためにはその元を絶たなくてはならない。奴隷、プロレタリアート、生活困窮者、過剰労働者、精神を形成する日々の時間を持たない穴倉に住む人々、そんな状況はそれをさせる人々と共になくさなくてはならない。プロレタリアートと金利生活者、馬と騎手は共に去るのだ！　未来の国、ドイツ人の労働者が作る誉れ高い国にプロレタリアートが存在してはならない。

どのようにしてこの誉れ高い国に到達できるのか、その答えは自由地 - 自由貨幣だ。自由貿易と世界平和をもたらす同じ手段である自由地 - 自由貨幣が人々の平和の道を拓くことが確証された。

階級社会の崩壊と金利生活者とプロレタリアートの根絶によって平和の神が家々の竈に、公の場に、学校や新聞に居を構えるようになる。平和の神が根付いて権利や法律にこの神が浸透するようになり、自由地 - 自由貨幣の有益な効果が至る所に現れ、搾取する者のいない純粋な労働者の国への成功した試みであることが公になれば、我々は全世界から労働者の代表を招いてどのようにしているのかを見せるだろう。

我々は彼らに言うだろう。「今ご覧になっているものは萌芽に過ぎません。我々の労働者国家の成長を阻む障壁が上に載っているからです。どうかこの障壁を外すのを手伝ってください。ヴェルサイユ条約の修正に協力してください」。ロシアで行なったことが本当に進歩であると証明できていれば、ボルシェヴィキは労働者を断固として支えるものとして全ての国で見なされただろう。実例に勝る効果はない。イギリスもフランスもいかなる国家も、ボルシェヴィキに反対するいかなる企ても出来なかっただろう。イギリス人やフランス人の労働者はボルシェヴィキによる国家の建設を手助けするよう求め、何らかの方法で実行したことだろう。しかし資本主義の活動を破壊するだけで、労働者国家の構築もままならなかったボルシェヴィキへの協力は拒絶されたままだ。

これに対してここドイツでは世界の歴史で初めて自由地‐自由貨幣による搾取のない純粋な労働者国家を建設することに成功するとしたらどうだろう? 内部摩擦のない経済的利益が二倍にも数倍にもなり、人々の自信に満ちた自由で道徳的な振る舞いに個人の自由や市民の独立を見てとることが出来れば、このドイツ野郎と野蛮人の国家が全世界の労働者とアナーキストとサンディカリストと、国際的な多数の、あるいは少数の社会学者たちの必ず共感するところとなるだろう。こうした労働者たちはドイツを自分たちにとってのテストケースと捉え、この国へのいかなる圧力や脅しも自分たち自身に向けられた資本主義的サボタージュとして扱うことになるだろう。

「ドイツ人前に」当時はそう言われたものだ。いま同じ叫び声が上がる。

ドイツ人前に——しかし中国人の弁髪をむしり取れというような命令ではなく、ハムラビ以来六〇〇〇年荒れ狂った搾取と奴隷制との戦いに決着をつけるために。

自由地・自由貨幣運動

ドイツでの主な担い手は以下の通り
（a）「ドイツ自由地・自由貨幣協会」、代表 オットー・マース、エルフルト
ドイツ雑誌「ドイツ自由経済」、W・ベックマンの協力のもとに発行、労働組合指導者 シルビオ・ゲゼル K・ポレンスケ博士、大学教授 O・ヴァイスレーダー、鉱山管理者、著作家 R・ホフマン、エルフルト、ネッテルベックウーファー一六、——自由地・自由貨幣出版、ソントラ ヘッセン
（b）「重農主義同盟」、全権委任者 ゲオルグ・ブルーメンタール
彼らの目的を主張する雑誌
「重農主義者」、編集者 ゲオルグ・ブルーメンタール、ベルリン・リヒターフェルデ、シュテークリッツァー通り三一
「自由所見」、編集者 E・シュマールフェルト、ハンブルク四、エッカーンフォルダー通り二九

週刊「決断」、カール・ポレンスケ博士編集、ベルリン
これら二つの協会の集会数は増え続け、今日までに以下のものがある
バルメン、代表Ａ・ベッサー、教師、リニエン通り二七
ベルリン（D. F. F. B.）、代表 ランゲリユットゥケ、社会経済学学生、クロイツナッハヒャー通り二一
事務所 ベルリン-トレプトー、ライプル通り二五（ケイト・ミュラー女史）
ベルリン（Ph. V.）、全権委任者 ゲオルグ・ブルーメンタール　ベルリン-リヒターフェルデ、シュテークリッツァー通り三一
ドレスデン、代表Ｃ・ラウアー、クルーゼ通り一五
アイスレーベン、代表 オットー・ヴァイスレーダー、鉱山管理人
エルバーフェルト、代表Ｆ・シュルツェ、教師、フランケンプラッツ二三
エルフルト、代表Ｒ・ホフマン、ネッテルベックウーファー一六
ハルバーシュタット、代表Ｆ・マチアス、教師、ザイドリッツ通り三五
ハンブルク（D. F. F. B.）、代表Ｌ・ベレントゥソーン、ブランケネーゼ、シュールヴェーク四
ハンブルク（Ph. V.）、代表 ヴィリー・ヴェッツェル、Ｈ・Ａ、アイムスビュッテル、ファーバー通り一五
ハルブルク、代表 エミール・アイクホフ、イェーガー通り五〇

キール、代表 マンフレッド・ヴェストファル、ドュッペル通り七二
ライプツィッヒ、代表 G・ズィッキンガー、工学博士、ライプツィッヒ - ゴーリス、エルフルター通り六
マグデブルク、代表 F・リヒテンベルガー、教師、ライプツィッヒ通り一
ニュルンベルク、代表 B・ウーレマイヤー博士、リンデナスト通り一
オラーニエンブルク、代表 法学博士ブローエック、エデン
シュメールン、(S. - A.)、代表 ブルーノ・シューベルト、ロンネンブルガー通り三七
シュヴァインフルト、代表 L・ホーマン、教師、ニーダーヴェルナー通り一二／二
ソントラ、代表 ヘルムート・ハーケ、出版者
シュテーティン、代表 ボルン中央郵便局長、ペースヲーカー、ヒャウスゼー六
この他結成中のグループは次の通り ボッフム、ブレーメン、ブレスロー、デュッセルドルフ、エッセン、フライブルグ、ハーゲン、ハーゲナウ、ケルン。

著作目録の記載による

数年来スイスでは既にひろく成功した成果を出している

「スイス自由地 - 自由貨幣協会」

雑誌「自由国家」、著者 フリッツ・シュヴァルツ、エアラッハ通り五、ベルン協会はその目的を次のようにまとめている

「我々が望むもの、それは階級国家とすべての搾取の撤廃、美しく自由で自然な生活のための経済的基盤の創造以下であってはならない。我々は社会主義者たちが国有化とそれに伴う自由の制限によって目指したものを獲得する。しかし我々は新たな不可侵の経済論に立脚することで、すべての市民の個人的自由と自己責任と経済的自立をいたわりをもちながら促進するという最も安易でしかも徹底した方法によってこれを達成する」

これは誠実に行えば誰でもわがものとすることの出来る目標である。この目標にはこれまで欠落していた絆がある。労働者を包括し、この真の文化の担い手たちに自分たちの技能の自覚を手渡す絆だ。行動力を持つもの、そして指導力を持つ者が経済的基盤に習熟することが、この目標実現のための前提条件と同時に保証でもある。「自然な経済秩序」がそのための最善の道しるべとなる。

ドイツ国民に次ぐ！——ハノーヴァ会議での宣言

ドイツ国民に告ぐ
自由経済協会はハノーヴァの会議の場で今日の政治経済的状況を慎重に精査した結果、以下の声明を決議した。

ドイツ国民に告ぐ！

経済的、財政的、そして政治的健全化には、即座に徹底した行動が必要である。しかし今日求められているこの行動はどの政党政策にも見当たらず、どの政党にも期待することが出来ない。今しなくてはならないことは、政党ではなくすべてを救うことなのだ。壊疽してしまった体の一部を自分で切り離すことの出来るような力は、どの政党にも期待出来ない。古くからの特権や個人財産に手を付けるような政治理想や世界観を実現するためには犠牲がつきまとう。全体を救済するためにどうしても必要なこうした犠牲を、政党が送り出した人間や所謂人民の代表である議会に期待することは出来ない。全員の協力が必要とされる時、もはや政党には期待できないのだ。

我々が政党や連立政党と試みを始めてもうすぐ三年になる。結果として状況が益々紛糾し、政治的な殺人が政党政治の武器として行われている。政府の政策には何も期待できない。そしてもし政府が転覆でもすれば、文字通り無政府状態になってしまう。内政の破滅を防ぐだけでなく、外交を同様に瀕死に追い込んでいる無策に対処しなくてはならない。人はこう呼びかける。「ドイツ人前へ！」。ドイツが世界平和の最前線に立つ！　しかし広範な世界平和問題に着手出来るような素晴らしい政治状況にない我々は押し黙っている。世界は勝利に酔いしれる連合国ではなく我々敗者に世界平和問題を解決する新しい思想への第一歩を踏み出すことを求めている。

政党へ期待出来ない今、我々は国民として政党制を超えて非政府機関（農業機構、商業組合、公務員協会等）によって一致して、全体への奉仕へとあたることを政党に求めなくてはならない。

今こそ独裁が必要だ。他に考えられるすべての政府形態を断念した今、公益による独裁こそが必要だ。政党政治か独裁か、階級国家に第三の道はない。略奪され銃剣で身を支える誇り高い男たちからなる独裁者ではなく、危急の独裁が今、支配すべきだ。こうした必要性を理解すれば、全員が強いられることなく最も厳格なこの独裁の命令に従うだろう。

起こるべきことは今起こらなくてはならない！

いかなる政党精神にも妨げられることのない全国民の断固とした協力こそ、救済の第一条件であることは誰もが知っている。

集まれ！　みんな集まれ！　誰一人欠けてもならない。工場労働者、農民、役人、商人、自営業者、教師、聖職者。信頼できる人々が鼓舞する呼び声のもと、全員で何とかしなくてはならない。そして誰もがベストを尽くさなくてはならないのだ。

もし共に尽くすべき人々全員のこころが、救済事業は何か新しく偉大で素晴らしいもの、つまりは平和と自由に溢れる未来国家であるはずだという期待を持てないのに、全体の救済事業を待ち望んでいると考えるのは愚の骨頂だろう。我々の国家、働く人々の国家はいまや崇高なものであるべきなのだ。

危機の独裁者である絶望も人を駆り立てることが出来るかもしれない。しかし、ただ偉大に輝く希望だけがこの事業を最後まで完成させてくれるのだ。

人々は資本家たちが自分達から搾取したもので完成した未来の国家を引き継ぐことが出来ると思っていた。プロレタリアートは資本家たちのことを自分達に莫大な財産を残す金持ちの伯父であり、割ったらお金が出てくる陶器の貯金箱だと考えていたのだ。資本主義者の国からは未来国家のための土地しか受け継ぐものはなく、何年も汗を流しながら一生懸命働いて労働者国家を一から新しく創らなくてはならないと言われた多くの人々は気おくれするだろう。変革を確かなものとするためにはこれまでの数限りない不幸な試みの後に、今回は正しく確かで最短の未来国家への道が登場するだろうという希望がなくてはならない。

全ての労働者がそのような意識を活き活きと持つことで、気持ちを萎えさせることなく社会主義の国への石ころだらけの道をはじめて進むことが出来るのだ。自制すれば目的へと進むことが出来ることが分かれば、誰もがサボタージュやストライキ、暴動への思いを胸の内に仕舞い込むことが出来る。

しかしそんな喜ばしい希望を呼び起こし、推し進めることが出来る政党政策がどこかにあるだろうか？

どんな政党の政策も人々を一つにする代わりに、更なる爆発物を積み重ねるにすぎない。政党政策は憎むべき政党精神に毒され、階級支配を目指す。すべてを破壊するだけで何も生み出さず、農民は共産主義者が命じたことを嫌々ながら行うよう強いられるだけだ。そうなればプロレタリアートが、資本主義の抑圧に再び屈する前にすべてを火に投げ込むだろう。絶望したカウツキーがプロレタリアートに与えた助言が、彼自身が呼び覚ました希望を打ち砕く。

左翼の政策が全ての働く人々の政策になりえない理由は、それが資本主義との闘いを共産主義的経済秩序の主張と不可分のものとしているためである。共産主義を拒否する人々はプロレタリアートの一員となることが出来ないからなのだ。切実に求められる統一戦線はこうしていつも夢に終わる。

資本主義に対する戦いのこの共産主義的な色合いは、何よりもマルクスの教えによる。マルクスによれば生産手段が個人財産であるということ自体が搾取の芽を含んでいる。この萌芽はいやおうなく自動的に、全人民を完全にプロレタリアートにするまで発展し続けるというのだ。この論理からは個人財産を廃止する共産主義にしか、社会から搾取の芽を取り除くことは出来ないと言うことになる。マルクス主義者の見解が正しければ、搾取を憎む者はみな否応なく共産主義を望むはずだ。

全ての職業の労働者たちが自分たちについた寄生虫を払落としたいという同じ要求をもち、解放されるためのあらゆる行動を当然しなくてはならないのに、これでは共産主義の旗印の元に統一戦線が生まれることは期待出来ない。共産主義によってしか労働搾取との戦いを勝利に導くことが出来ないのであれば「全国のプロレタリアートはひとつ」という呼び声は単なるユートピアでしかない。農民、職人、技術者、医師、商人、芸術家、作家と言った人々は今日なお、指図され命じられることなく自己責任の元に仕事を続けている。かれらは共産主義よりも個人の責任を選ぶ。そして今日こうした階層の人々も、プロレタリアート同様資本主義に搾取されている。それどころか「共産主義か、資本主義かどっちだ」と問われた時には、彼らは通常自分たちを搾取し苦しめる者たちと肩を組んで共産主義者に反対して行進するのだ。経済に決定的な意味を持つ農民たちに関しては、間違いなくそう言える。ちなみに工場労働者でさえも、真の共産主義を望んでいるかどうかは、労働組合のようにエゴイズム以外何も邪魔者がいないところでさえ、それが実現されたことがないのを見れば明らかである。

本来の目的である資本主義の克服が共産主義の道以外で可能であれば、農民も役人も教師も医師も技術者も商人も全ての職業人が、共通の敵に対するこの戦いに加わることが出来るだろう。勝利は流血と殺人によってすべてを破壊する市民戦争によるのではなく、圧倒的多数の人々の意志の表明でありシンプルな宣言となる。「人々は言う。在れ！そして生まれる」（訳註 旧約聖書創世記の「神は言った。光あれ！そして光が生まれた」というフレーズの写し）。

しかし資本主義の地獄から抜け出すために、共産主義以外の道があるのだろうか？ハノーヴァにおける自由経済協会の集まりで、責任の大きさを十分に意識したうえでこの重要な問いへの答えが全員一致で承認された。


個人財産自体に搾取の芽が存在するとマルクスが考えたのは思い違いだ。搾取の芽はずっと古代へと遡り、バビロン人、ユダヤ人、ギリシャ人、ローマ人から検討もなく取り入れて以来、一度も検証されたことのない貨幣と土地の権利の内に見なくてはならないのだ。

二つの簡単な、しかし徹底した包括的な自由地‐自由貨幣と名付ける改革によって悪をその根本から鎮め、搾取、余剰価値、不労所得、利子、地代、相場差益やその他の寄生虫の欲望から完全に自由になった国民経済を構築し、あらゆる衝撃、恐慌、失業から守り、個人の自由と独立性、個人財産の保護と協調による完全な労働所得の権利が実現する。プロレタリアートの裕福で完全な市民への復帰が保証され、その他にも一連の祝福されるべき内容が実現する。その最重要なものを以下に挙げる。
（a）今日死に至りつつある強大な国家の広範囲に及ぶ解体
（b）市民の平和と世界平和の政治が繁茂し広がるための経済的基盤

政党間の争いが生み出す議会には、この最大の危機に当たって政府が予算正常化に向けて紙幣経済を利用できるように必要な法律を発布することさえ出来ないことが明らかになった。この手段（紙幣経済）は放っておけば犯罪に使われ犯罪者の烙印を押され続けかねないのに、議会は前に挙げたただ一つの救済方法を実行することも出来ないだろう。憲法が拒絶するのはそのような憲法のための経済基礎がないからだ。

議会主義のこうした経済的基礎は議会によって作られるではなく、諸政党を超えて存在する権力だけが現在の状況を解決して、議会政府のための前提を作ることが出来るのだ。すべてのプロレタリアートの希望が完全に崩壊した今、近い将来或いは現在の政府が完全に破産する前に、すべての政党から大挙して自由経済協会になだれ込むことを期待して、ハノーヴァの会議に集まった自由経済協会は国事の遂行を担い工場労働者、農民、職人、役人、商人の組織に立脚して、以下のプログラムに従って、これを実行の道に導いてゆく準備が整い、確かな手ごたえを感じていることを公に、そして、華々しく宣言した。

ヴェルサイユにおける自由経済協会の統治プログラム

条約の再審査が行われることがない間は我々はこの条約を遂行する。これは可能性としてではなく、全く文書の言葉通りの意味である。

全ての搾取から自由な人民国家を打ち立てるこの偉大な文明作品を緊急に完成させようとしている我々の真剣な努力をヴェルサイユの罠が阻んでいることが分かれば、全世界の労働者は「条約」の修正に賛同するだろう。

プロレタリアートに新しい希望を呼び起こし、国民経済をフル活動させ、それを持続することが出来れば、条約を修正することなしに文字通り実行する可能性はもちろん存在する。

連合国から求められた一三二〇億金マルクは、三五〇〇億とも四~五〇〇〇億とも見積もられるドイツで課税可能な財産の三分の一にすぎない。この財産が国の抵当権によって三分の一課税されれば、国庫は連合国の要求を余すところなく満たすことが出来る。この課税可能な財産がそうした負担に耐えられることは疑うまでもない。というのもこの税額は、資本家が自分の財産から得る利益の三分の一にしかならないからだ。税が資本の純益を超える時初めて税の過剰が問題となる。ドイツの財産が一三二〇億金マルクを賄うことが出来る証拠は、経験的にもすでに示されている。戦前この同じ財産が抵当権、債務のさらに重い負担を担っていたからだ。その時資本はヘルファリッヒの紙幣経済によって、その負担を九〇％以上免れた。水泡と化した個人抵当権に国の抵当権が取って代る。これは税を支払う者にとって財政テクニック上全くの別物だ。財産の所有者が戦前抵当権や債務証券の保有者に毎年支払っていた利子が、こうして国庫に納められるのだ。個人経済的にはこのことで抵当権の利子が、ドイツの金利生活者ではなく全世界の金利生活者に吸収されることになる。同じ国ではなく外国人から搾取されると考えるだけで、堪えきれなくなって涙が流れるほどだ。戦前には都市と田舎の不動産は、優に見積もって五〇％は抵当に入っていた。動産もまた同じほどの高さで債務証書や手形によって差押えられていただろう。ということは四〇〇〇億金マルクの財産に対して債務者が利子を支払わなくてはならず、毎年毎年利子を支払っていたのがおよそ二〇〇〇億金マルクの（債務証書や為替）だったということになる。ヘルファッヒの紙幣経済によって、この二〇〇〇億金マルクは二〇〇〇億紙マルクになった。これは現在の相場では一五〇億金マルクにもならない額である。先ほどの二〇〇〇億金マルクの債務者は、紙幣経済によって一八五〇億金マルク（二〇〇〇—一五〇）免除されたことになる。この債務者が一三二〇億金マルクを連合国から負担を求められたとしても、それでもまだ戦前よりも五三〇億ましなのだ。これに対して例えば戦時国債を購入するために自分の所有地を売却した（多くはなかっただろうが）誠実な愛国者が、紙幣経済によって財産の優に九〇％を失うことになる。その上このわずかに残ったものもヘルファッリッヒの紙幣経済によってによって甘やかされたその他の財産と同じように、様々な税金として国に徴収される。

先の計算には二つの不確かな主要要素がある。

（a）「金マルク」の額

（b）「ドイツの財産」の額

ブリュッセルの会議でストックホルムのカッセル教授が行った「金マルク」の額を一つの商品価格指標に固定すると言う提案は連合国によって却下された。ロンドン条約を批准した際、ドイツ政府はこの提案の却下に対して何の意義も唱えなかった。我々はそこで、世界で調達できる全ての金の七倍を連合国に支払う義務を向う見ずに自らに課したのだ。毎回の支払いの後、次回の支払いまでにその金を再び作ることが出来る保証もなしにである。こうして連合国が金マルクというものを彼らの「商品価格」の中で自由にする危険、或いは少なくとも可能性が生じる。つまり求められている一三二〇億金マルクのために我々がどれだけの商品を支払わなくてはならないかは、フランス人のよき意志に全面的に掛ることになるのだ。連合国は我々が金で負担しなくてはならない年貢を掴んでいるという事だけでドイツで商品に反映するこの金の価格を自由に押し上げることが出来るのだ！もし条約が修正されることになれば、我々は第一にこの点の解明を主張するだろう。

我々が四〜五〇〇〇億金マルクとして計算の基礎としている「ドイツの財産」の実際の額は、今見てきたように商品に反映する金の価格次第なのだ。この価格は過去五〇年の経験から金の生産がこれまでのように変動すれば、簡単に半分にも減れば二倍に跳ね上がる。こうしたことを抜きにすれば貨幣に現れる「ドイツの財産」の大きさは、まったく給与と労働量の発展にかかっている。というのもドイツの財産と呼ばれるものの総額は資本化した不労所得であり、あらゆる生産におけるドイツ人の本来の労働賃金から差し引かれたもの以外の何物でもないからである。ドイツの財産はドイツ人の給与と反対の関係にある。ここで更に財産算定の基礎になる利率、資本化率というものが決まった数字ではないことに注意しなくてはならない。例えばそれが三％の場合、ドイツの財産は六％の時の二倍の額になる。

ヴェルサイユ文書では、損害賠償の返済に四〇年という期間が予め見込まれている。そのような長期の間には当然多くの事が起こる。例えば二、三〇年前、賃金上昇が地代を圧迫した際（農業危機）農業財産に起こったように、給与の上昇が「ドイツの財産」の大半を無にしてしまうことが起こるかもしれない。そうなれば連合国のために財産対象として給与が担う負担はなくなることになる。その場合給与額は国際的なものであり、こうした舵取りから免れるということが明らかになるだろう。それでもなお、最も勤勉な者たちが大量移住するしかないような試みをしようと言うようであれば、ヴェルサイユ条約に反対する労働者の国際的連帯の新たな下地が生まれることとなる。

オーバーシュレジエン

オーバーシュレジエンやドイツから切り離されたその他の地域を、我が国の権力下にあるものとも我が国の経済領域としても最早見ていない。世界戦争は最強の一等国の一つだったドイツを破り、力のみに頼る国家の思考を笑いものにした。ドイツが封鎖していた経済領域というものが、いかに憐れむべきものであるかを見せつけた。その同じ世界戦争がいま述べた両方の国家原則では国を作ることが出来ないのだということを、自分の目で見るまで信じることの出来ない者たちにも示してくれた。我々の経済領域は世界であり、平和こそ我々の力なのだ。戦争は国家権力と自国の経済領域を最大にする必要があるという信仰から生じた。市民の平安と世界自由貿易のための経済的な前提が満たされる限り、我々は世界平和を信じていることを全世界に宣言する。これらの前提を我々はドイツで創り出す。我々は自国の中で国民の平安と世界平和のための地盤を創る。戦争は国家権力と国への、そしてまた、「閉鎖」経済領域への信仰から生じた。こうした領域はいくら広くなっても十分ということにはなり得ず、同じ思いを持った他の国々との間に永遠の摩擦を孕む。我々はこのような不明瞭で、危険で病んだ思考回路に終止符を打つ。

陸軍国でない我々はオーバーシュレジエンを最早戦力として必要としない。そして国境税関を置かず自由貿易の実現を目指すことで、オーバーシュレジエンを我々の経済領域の内に取り込むことが出来る。我々自身が文明国となることで文化的にもオーバーシュレジエンを取り込むことが出来る。文化は全人的な世界の関心事であると同時に最強の征服者なのだ。我々は文化的に全世界を征服するだろう。

我々はオーバーシュレジエンに対して以下の範囲内で完全な権限を与える。（a）全方位的な自由貿易、つまりポーランドやチェコに対しても（b）あらゆる文化における国家権力の制限。つまり教会と学校の非国有化と出版の自由（c）全ての軍事力の解体（d）ドイツでさらに提案する改革に添った自由な貿易と居住の自由と自由地の意味での炭鉱の国際化（e）国語としてのエスペラント

暴力を拒むのであれば何か新たなものが必要となる。今日すべてを包括する国家経営が生み出す終わりのない摩擦は終わらせなくてはならない。新たなものが必要だ。国家や国籍の意味も限りなく無くさなくてはならない。学校と教会を国から分離し、軍隊を解体して軍備をなくし、自由貿易と自由地によって個人利益を解消すれば、このことが可能になる。

通貨政策的にはオーバーシュレジエンは通貨同盟に属する。ここでオーバーシュレジエンについて述べた事は、ドイツから分離した他のすべての地域にも適用する。

国際連盟

自由貿易連盟でない国際連盟は役に立たない。偽善でないとすれば、無秩序な議会のお喋りにすぎない。国々はそもそも、お互いに貿易を求めて非常に親密に結びついている。関税だけが国同士を分かつのだ。帝国主義者の努力は国境関税に対する戦いを誤ったやりかたでしているだけに過ぎない。貿易から目を背けるのであれば、最早国際連盟を必要とする理由は何もない。そうなれば墓地に横たわる死者のように国々が並ぶだけだ。

ジュネーブの閉ざされた国際連盟が死んでいるのは、内部矛盾とモラルの弱さから自由貿易に触れることが出来ないからだ。国際連盟には特別の条約など不要だ。規約も議長も要らない。自由貿易が存在する限り国際連盟も存在するのだ。関税は必然的に経済領域と言う妄想を生み出すことで、解決不能な新しい課題を国家に与える。そして国民国家が突き進もうとする道は、他の国民の道と交錯せざるを得ない。

我々はジュネーブの怪物への加入を意義も意味もないものとして拒否する。イギリスが現在ジュネーブに逆らって明らかな貿易保護政策を取っているのは、ジュネーブの連盟が本来の国際連盟や世界平和とは全く違うものを目指していることの一番の証だ。

我々が提案する国際連盟は、国境関税を設けて自ら閉じこもろうとする者以外の全ての国々や個人が、もともと属しているものである。そのため各国にはドイツがジュネーブで要求される入会許可のための申請のような謙虚な課題は不要なのだ。

保護関税を求める声は全般的な商品価格が下がる度にいつも起こる。そして国民がそうした価格低下から別の方法で守られるようにならない限り、保護関税の幻想をなくすことが出来ないことを経験は示している。全般的な価格低下とはもっとも簡単な方法で戦うことが出来る。それは我々の統治プログラムにある通貨の完全な安定による貨幣の面からの方法である。通貨の完全な安定と世界自由貿易こそ、特別の国際連盟を不要とする世界平和の二つの基礎なのだ。

それゆえ我々は通貨の完全な安定と自由貿易をドイツに導入し、全世界の人々をベルリンの世界自由貿易会議へと招待する。キーワードは国境関税の撤廃と通貨問題を解決する唯一の手段である通貨の完全な安定による経済的基盤の形成だ。

経済プログラム――通貨健全化の準備

ドイツ財務相は通貨、為替問題を政策の最後に位置づけた。経済の健全化と政治的安定は通貨問題の解決なしにありえないと言う考えから我々は通貨問題を経済政策の頂点に据え、この課題に必要なすべての措置を取り、この目的のために必要である限り個人財産への深い介入に尻込みすることもない。

二番目の目標は銀行券発行の鎮静化である。信用の源が枯渇したいま、銀行券を発行することなく国家予算を均衡させなくてはならない。絶え間ない支出は絶え間ない収入によって均衡させなくてはならない。それが出来なければ、我々はボルシェヴィキのいないロシアになってしまう。そして困難な課題の解決は、後になるほどますます困難になる。

給与に戦時負担を担わせようとすれば間違いなく難しい状況に漂着する。給与と言うものは任意移住権がある限り国際的に決定される不可侵なものであること、直接間接の税が直接現物給与を国際的な標準より下げれば我々の最高の労働者たちが大量に流出し、そうなれば給与は直接にも間接にも税源としての道を完全に閉ざすのだ。給与を当てにしていた負担分を、商人が貿易費用を含めた関税代金を商品コストに算入するように、上昇する費用として資本が賄わなくてはならない。転嫁のプロセスの最後に位置するのが資本である。税もここに位置する。資本家はいつも国家支出を自分の財布から支払ってきた。こうした税を直接支払うことが多いほど、結果的にそれが安価になるのだ。そのため識見のある資本家はみな、全ての間接税を廃止してすべての国家支出を直接資本で賄うよう求めるのだ。それは連合国の要求による莫大な国家債務のある今日においても同様である。

こうした認識から我々は、

（a）連合国からの要求を含めた国のすべての債務と継続的な国家支出のすべてを国庫から資本へと移譲する。

（b）そのかわり現在の国税、租税、印紙税を直接間接に関わらず穀物関税と相続税を含めて廃止する。

間接税の廃止によって実質賃金はその平衡点を超えて上昇する。そして給与は最初、税免除によって下落し、その後資本の利益によって上昇する。資本のために間接税をかけることがいかに馬鹿げているかのこれがよい証拠である。

（ａ）の資本税は直接財産対象から生じる。我々は「有価証券」を持って国境を越える課税対象者を追求しない。我々は彼らを国境の荷物検査で煩わすことをしない。我々は資本の根本を掴むことで彼らを自由に操る。税から逃げようとする者のために国境の門は広く開け放たれる。我々は国土、森林、鉱山、工場に課税して、国境を越えて有価証券を移した所有者にこれらの税を支払わせる。

抵当権を設定されている財産対象は国の抵当物件となる。動産への課税は手形として徴収され、振出人が利子を支払うかその商品を現金化して受け戻す。現金への課税は自由貨幣の導入により税財源へと自然に徴収さる。金や真珠といった税を掛けやすい性質の財産対象は誠実さに課税することがないよう全ての税を免れる。家具や芸術作品も同様に全ての税を免れる。

こうした税の徴収によって多数の国民が日々の暮らしを決定的に制限されるようになる。例えば住居の手入れに必要な使用人に支払う金はもはや賄うことが出来ない。こうしてやがて住居が手放され、そこにあった家具が投げ売りされる。こうした市場の状況で、財産税を家具にまで広げることは意味を持たない。オークションにかけられ二束三文で売られるからだ。

国の債権者、戦時公債の所有者はその他の財産所持者以上に損害を受けてはならない。つまりかれらは戦争によってこれ以上損害を受けてはならない。国家財政が債権者の状態を改善出来ないのだから、不動産の所有者はすべていま述べた国の債権者と税法上同様にみなすのが正当だろう。「金価」の所有者が紙幣経済によって、すなわち良く分からない国民の利益から実行されたクーデターによって一八五〇億金マルク儲ける一方で、同じクーデターによって紙幣保持者がその財産の九〇％まで失ってはならない。

（優に二〇〇〇億金マルクを超える）戦前の国債や抵当証券、生命保険、債務証書等の所有者が債務者に味方したインフレによって蒙った損失は九〇％以上、戦時中、戦後の証券保持者の場合にはおよそ五〇％となる。

それゆえ我々は不動産を戦前の七五％として評価し、国の要求を上回った税収については国と個人の債権者の状況改善のために用いる。〇・五％弱下がった「紙幣財産」の不動産利子収入の水増しを可能な範囲で上昇させ、すべての財産所有者の状況を平等にする。

税の徴収は戦前の価格（金）と、すでに膨張しさらにまだ膨張するであろう現在の紙幣価格と国庫の七五％という為替相場を抵当にする。そして状況次第で現金や抵当証券、もしくは手形で回収する。価格設定における当局によるすべての制限は、家賃に至るまで中止される。誰もが市場の様子によって要求できるものを要求し、国庫で七五％得た余剰から支払う。

事例一　ある株式会社は、一九一四年の相場で一五〇だった株式を一〇〇〇万株発行した。これは一五〇〇万金マルクの資本となる。この会社の株式は全般的な価格膨張によって今では四五〇となり、四五〇〇万紙幣マルクの資本に値する。

税の支払いのためにこの会社は新たに三〇〇〇万株を発行し（四五〇〇―一五〇〇＝三〇〇〇）、その内の七五％を国に納めた。国は損害賠償のための外国為替を得るために、海外でもこの株が最高値をつけるところで売却した。

この四五〇と言う相場も、現在の商品価格や生産価格が示す一〇倍以上のインフレのようにまではなっていない。現在異常に高い利率（資本化率）によって低く抑えられているからだ。利率の後退と全般的な状況の改善によって、全ての株式の相場は普通であれば一〇倍まで上昇した生産コストの高さにまで上昇する。この例の場合一九一四年の相場の一〇倍、つまり一五〇が一五〇〇となる。この株式会社は新株の発行によって一九一四年の相場である一五〇に基づく利率（資本化率）を続け、一九一四年の株式資本の一〇倍にまで通貨が膨張するまで発行した株式の七五％を国に納めることになる。

事例二　一九一四年、一軒の家が当時四％だった利率（資本化率）の際、一〇〇万の課税対象と査定された。賃貸契約の解除によって家賃は上昇し、現在では一〇％の利率（資本化率）に対応しておよそ二〇〇万となっている。この家の所有者は収入（家賃の純益）の七五％増を納めるか、この法の精神に沿って一九一四年以前の抵当権で採用された利率に応じた抵当権を設置することも出来る。家賃の更なる上昇と利息の後退に伴って、出来るだけ速やかに（およそ二年毎に）国による抵当権の登記が行われる。ここでも一〇倍にまで通貨が膨張するまで行われる。個人の抵当権は最高でもともとの査定の高さである一〇〇万までが認められる。

事例三　戦前ある畑が小作地として一〇〇〇マルク生んでいた。この同じ畑を現在同じ条件で四〇〇〇マルクで貸すことが出来る。この差額である三〇〇〇マルクから七五％である二二五〇マルクを所有者は毎年納める。上昇する小作収入によって税も上昇する。個人の抵当権はもともとの元金までしか支払うことはない。課税対象の一〇倍の膨張まで畑の更なる抵当権は禁じられる。

財産引渡しの階級付

戦争の結果を受けてこのようにまず全ての財産所有者を同様に扱い、財産引渡しの階級付のための基礎を作る。そして先に述べたバランスを取るための税収による収益からの見積もりに基づき必要とされる範囲で、国の全ての債務を完全に償還するこの引渡しの徴収に取り掛かるのだ。

貨幣の減価に配慮し、そして国民がこれ以上プロレタリアートとならないよう、財産引渡しの階級付における非課税最低財産が五万マルクという比較的高い額に定められる。それはプロレタリアートを早急に裕福な完全市民に戻すことがこの政府政策の優先的な目的であり、さらに資本主義によってプロレタリアート化された大衆が消滅することでのみ、生活と個人財産をこの大衆による襲撃から永続的に防ぐことが出来るからである（ロシアを見よ）。そのため五％から一〇〇％までの財産引渡しが定められ、税の徴収後に残る財産が最高一〇〇万であるように、つまり一〇人家族の場合一〇〇〇万紙マルクを越えないように定められる。ドイツ国内にある財産は次のような例外を除いて全てこの税の対象となる（金、ダイヤ、真珠、家具、芸術品）。

＊　＊　＊

税を高く定めたことには理由がある。個人財産に対する憎悪はここにはない。その反対に個人財産への配慮から資産家の財布にこのように深入りしたのだ。税がどのような状態にあっても予算のバランスを実現しなくてはならない。またすべての相続税、財産に関する（給与に対してではなく）関税を含んだすべての税を廃止することを忘れてはならない。資本益の七五％に課税するということは、論理的に言って課税された資本益の中ですでに割り引かれている各地方の債務をも国が引き受けなくてはならないと言うことを忘れてはならない。

もう一つのより重要な観点は次の事である――いかなることがあっても第二、第三、第四の財産引渡しが行われてはならない。不確かさは倫理的な力を衰弱させこれを破壊する。人々は働くのを止め節約するのを止める。永遠に財産引渡しにおびえるようでは（損害賠償は四〇年に亘るよう書かれている）せいぜいその日暮らし程度にしか働かないだろう。これでは財産引渡しのためには誰も働かず節約しない。上に定めた財産引渡しは何のためのものか誰もが知るところとなり、国の財政が立て直され、自分のために節約したのだとはっきり自覚できれば、みな個人経済の再構築に力を発揮するだろう。反対に低めに設定した税とすることで、予算のバランスのためにこれで十分なのだろうか、紙幣印刷機を動かさなくてはならないのではないのかといった軽い疑いを国民に持たせたとしたら、本来稼働しなくてはならない経済の全領域の力が麻痺し、国民が恐れていた疑惑の産物が自然の摂理として登場する。それは新たな紙幣の洪水であり、苦労して結びなおしたすべての契約という糸の切断を意味する。そうした場合に経済的に最強の農場経営者が紙幣を突き返したらどうなるだろう？ 貨幣経済が完全に拒否されたら？ それは破滅だ。分業の破滅となるのだ。

そのような可能性は是が非でも避けなくてはならない。財産引渡しは一撃で国の財政に秩序を齎すと言う目的を達成しなくてはならない。余剰への不安を持つ必要はない。そのためには取り成しがある。欺かれた「紙幣財産」の所有者の事だけを考えているのではない。数百万の傷痍軍人の支援をも考えている。傷痍軍人が経済的に平等に扱われるように法律上の道徳的要求を高める。そのために義足を引く人、顔の形を損なってしまった人のために慰謝料を設ける。我々は財産に考慮して階級国家の中のいかなる階級のためにも社会的精神を犠牲にするようなことはしない。モラルの低下が軍事的崩壊に一役買うのは前線で命を懸けて守った財産を、その背後で分け合っているという笑止と言うしかない「労り」をした場合なのだ。

ドイツ通貨局

通貨は健全な財政、健全な経済の前提であり結果だ。税法を待って初めて貨幣の秩序化に着手するようなことはしない。あらゆることを同時に進めなくてはならない。

我々は即座に国立通貨局の創設に取り掛かる。国立銀行の銀行券専売権は取り上げられる。国立通貨局は銀行券発行のための唯一の規範として、商品の全般的な価格状態を変わらない高さに保つ。そうして全般的な価格状態が下落に向かっている間、新しい貨幣を流通させる。そして全般的な価格状態が上昇傾向にある間、貨幣を反対に回収する。

商品価格が上昇しているか下落しているかを見定めるための尺度を統計局が指標の形で示す。この指標は労働組合、農業組合、商工組合の監視下に置かれる。

この法律は消費者に価格が上がらないという保証を与え、経営者には価格が下落しない保証を与えることで、かつてどこにも実現しなかったほどの確かな基盤を持つことが出来る。

この価格政策によって経済を価格変動から守り、景気変動や恐慌、失業やストライキを確実に防ぐことを可能とするために、これまでの硬貨や紙幣でない別の貨幣が必要となる。

貨幣の側から商品価格が作られる

（a）発行された銀行券の量によって

（b）発行された銀行券の流通速度によって

GU　これは価格設定における需要の数学的表現だ。国立銀行は需要、つまり貨幣の量と速度の両方の要素をコントロールしなくてはならない。自由貨幣は流通速度を貨幣自身では変えることが出来ず、どんな時でもサイクルが閉じているという点で現在の貨幣とは異なっている。この自由貨幣をもちいることでコントロールが可能になる。貨幣のサイクルが閉じていなくては、最高の通貨政策であっても遂行することが出来ない。

そのため我々は、即座に自由貨幣導入のために必要な備えを講ずる。

いかなる企業家も価格下落を恐れる必要がなくなるよう、いかなる商人も価格上昇を恐れて必要以上に商品を買い占めることのないよう、価格を現在の高さに固定することを公に宣言する。我々は主要な商品の価格に戦前のように通貨膨張要素（状況に応じて一〇～一五）を乗じてその価格リストを各国に提示させる。リストには生産コストに基づく等級が持っている自然な価格に近い将来再び戻ると言う通知が添えられる。そうなれば商人が要求する価格が高いのか安いのか判断するための凡その基準を誰もが再び持つことが出来るようになる。現在企業家に欠けている計算の論拠がこうしてすぐに用意される。同じ論拠によって統計局も輸出指標を作る。

自由貨幣の導入とそのことで可能になる確かな通貨によって、必然的に以下のようなことが可能となる。

（1）全般的な商品価格状態の変動から国民経済を守り、そのことで恐慌や失業、ストライキ、支払停止、国家予算の赤字などを防ぐ。

（2）不断の製品製造によって資本の利子が下がり始めると、その結果ドイツの利率は国際的に最低の数字に下がり、そして国際的な自由貨幣の採用によって実質資本と貨幣資本（マルクスが言う余剰価値）の利子が驚異的な速さでゼロになるはずであるし、また実際そうなるだろう。こうしたことが可能になれば、毎年六六億金マルクの損害賠償の利子を支払わなくてはならない債務国となったドイツは、償還に四〇年かかる損害賠償を一〇年か一五年に縮めることが出来る。資本の利子がゼロになると言うことはプロレタリアートにとって、自分たちのものになるわけでもないこの世界をこれまでのように二〇年毎に資本家のために新しく創る必要がなくなる（史上最悪のシジフォス的な労働〈訳註 山頂まで岩を運び上げようとする度に底まで転げ落ちる〉）ことだけでなく、この世界が二〇年後には資本家の手から労働者の手へと移ることを意味している。

（3）取引益は全体的に現在の四〇％からおよそ一〇％に下がる。全般的な商品の価格状態を動かすことが出来ないのでは、この仕事のために最適な精神的才能を持ったものでさえも、競争原理に従って一般的な労賃の高さまで下がらざるをえない事業で満足することになるからだ。国民経済にとっては全商品生産の三〇％の純利益を意味する。

＊　＊　＊

ユートピアのような社会主義的理想を実現するために、この他に必要なことはすぐに発布される「自由地大法」によってなされる。

為替と通貨

損害賠償義務のために我々の生産物を輸出に向けなくてはならなくなればなるほど、為替つまり我が国の通貨と外国の通貨との関係が大きな意味をもつようになる。ドイツマルクとルーブル、ポンド、ドル、リラなどとの交換比率の変動は外国貿易にとって利益と損失となる。そのためそうした商売は純粋な賭け事と見なされるか、或いは国民を食い物にして莫大な稼ぎを上げる大きな為替投機会社の狩場となる。

我々はこの状況にあって完全に途方に暮れている国民をベルリンの国際為替会議に招待し、貨幣数量説の上に立てられた以下のような国際通貨同盟の承認を勧める。

（1）各国は各自の通貨を完全な自治の下に管理するが、当然ながら前章でドイツ通貨を基準とするとした基本原則に従い、今日貨幣理論として異論を待たない貨幣数量説を厳格に順守する。

（2）各国は商品価格統計の指標の結果のみにしたがって銀行券発行を行う。確かな科学的な仕事を行おうとする国は、貨幣の流通速度のコントロールに不可欠な自由貨幣を導入する。銀行券発行に際して商人や企業家、為替相場の投機家に対し考慮しない。少なくとも為替を大きな変動から守るためには、このことだけでもすでに十分である。

（3）しかし為替をどんな小さな変動からも守ろうとするのであれば、国際通貨同盟（ＩＶＡ）に参加する国々によって世界通貨局を創設し（ハーグかベルン、もしくはパリに置く）、指標伝達業務を完全なものにする仕事を任せる。この通貨局は完全に「無保証の」銀行券ＩＶＡ券を発行し、各国の通貨の二〇％の範囲で印刷代以外無料で配布する。ＩＶＡ券は各国通貨に対して平価で流通する法的兌換財であり、量に関わらず他国と完全に自由に行き来することが出来る。その国の通貨の単位がＩＶＡの単位と一致しない場合、ＩＶＡ券を国境か首都で無料で換金することが出来る。

（4）ある国で指標の発布が少ないため、或いはそれが十分に考慮されないために銀行券発行に際して決算が赤字となれば、その調整のために国際通貨ＩＶＡ券を輸出することでこのシステムが機能する。この国にとっての利点は、自国通貨の流入で高くなりすぎた全般的な価格状態を国際的な水準に下げることが出来ることである。こうして決算を黒字にし流出した通貨を再び引き戻す。これがうまくいかない場合には、決算を補うために時間をかけて全てのＩＶＡ券が流出されＩＶＡ券のプレミアムが生まれる。

＊　＊　＊

通貨研究者が理想とする安定した国家通貨が、安定した為替と結びつくことで実現することがこうして分かるだろう。この基盤の上に立てば、全ての国が遠くない将来、国際通貨同盟に結集することが出来ることを認めないわけにはいかないだろう。

自由地

大地は全ての人間のものである。例外なく全ての人間のものである。個人や民族が奪い取った大地の特権は、人間の最高の権利に対する妨げとなる。この権利の中の権利はいかなる憲法でもこれまで陽の目を見たことがなかったために、古来至る所で人々のまた民族の闘いが起こり古代民族が死滅して行った。この権利の中の権利が手遅れにならないうちに実現出来なければ、現代の文明もまた破滅するだろう。

我々は力の及ぶ限りすぐにこの権利の実現へと向かう。そしてこの権利の中の権利を我々が民族の権利へと貶《おとし》めることなく、あらゆる国際問題を熟慮するための規範にまで高めるために海外での外交担当者を準備する。我々は世界の全ての民族をベルリンでの一般自由地会議へと招待する。民族の権利や人間の権利、人間性、軍縮と自由貿易といった国際連盟のスローガンで演説を飾る行政官も招待する。そして彼ら全員に示すのだ、これらすべての理想へ向けて、要となる場所を示すのだ。

個人財産としての土地はドイツでは基本的に取り上げられる。既に存在する個人的権利は短期の内に余すところなく解消する。いかなる財産移譲の登記にも応じない。相続分割やその他の形態によって売却されることになった土地は課税対象額としてすべて国が買い取らなくてはならない。一九五〇年には全ての土地財産権利は余すところなく解消する。

国が得た耕作地と農地は農民や企業家の需要に応じて分譲され、公開競争により賃貸させる。こうした賃貸期間は経済需要によって決められる。この公開の賃貸オークションには出自に関わらず誰でも例外なしに参加することが出来る。損害賠償債務の償還後賃料は母親口座に集められ、そこからドイツ内に住む母親全員に子供の数に応じて均等に分配される。ここでもまた出自や民族による区別はない。地代は人口密度の産物であり、これを生む者すなわち母親に属するものだと言う考えから我々は地代のこの分配を行う。

同様の基本原則は鉱山や森林、草原、採石場、水力についてもあてはまる。鉱山のように基本原則を様々に考える事ができる場合、我々はこれを競争に掛けその結果に任せる。

段階的に国に引渡される巨大な富は、農業上も財政上のすべての観点に配慮しながら可能な限り早急に分配される。その間はプロイセンの国有地のように賃貸財として管理される。しばしば起こるように大小の事業が混在している場合、小規模の経営は大きな事業の一部として活力のある経営とへ拡張される。

森林は最早、宮中の従僕によって地方領主や投機仲買人の猟場へと変わることはない。山林官は森林経済の知識を十分生かすことが出来る。森林経済をこの方向で科学的に進めることのできる財政テクニックを我々は助言することが出来る。

国民経済的な観点だけがここでは基準となる。耕作できない山腹は森林とする。実り豊かな森林は開墾される。大きな衝撃を与えた人工肥料の発明はここで最大の利用が見込まれる。こうした仕事は公な請負で与えられ、整えられ開墾された土地は再び公に農民へ賃貸される。こうして我々のもっとも勤勉な仲間たちの流出を防止することが可能となり、さらにはドイツを再び移民先へと変えさせ、損害賠償負担の担い手の数を減少させるのではなく、反対に絶えず増やして行くよう我々は望んでいる。

訳者あとがき

本書には、『国際通貨同盟 世界自由貿易のための前提――引き裂かれたドイツにとって有効可能な経済政策 Internationale Valuta-Assoziation（IVA）– Voraussetzung des Weltfreihandels, der einzigen für das zerrissene Deutschland in Frage kommenden Wirtschaftspolitik, 1920』、『ドイツ通貨局――創設のための経済的、政治的、財政的準備 Das Reichswährungsamt – Wirtschaftliche, politische und finanzielle Vorbereitung für seine Errichtung, 1920』、『国際連盟再編とヴェルサイユ条約再検討についてのドイツからの提案 Deutsche Vorschläge für die Neugründung des Völkerbundes und für die Überprüfung des Versailler Vertrages, 1921』、『ドイツ国民に告ぐ！――ハノーヴァ会議での宣言 An das deutsche Volk ! – Kundgebung auf dem Kongreß zu Hannover, 1921』が収められています。

ゲゼルの生涯については既刊『貨幣制度改革』のあとがきで詳しく述べられているように、ランダウアーが殺害され、その任を受けて財務担当人民委員を務めていたゲゼルも国事犯として投獄されます。ゲゼル自身の手で書かれた「弁護演説」は実際には使用されることはありませんでしたが、一九一九年に行われた即決裁判では訴えを退けゲゼルは釈放されます。「国民経済の謎を解き、国民経済の要点である通貨を機能させることが出来るのは自分だけだ」と信じていたゲゼルは「いまこそドイツが私を必要としている！……七〇〇〇万人の中にこの課題に当たることの出来るものはいないだろう。私だけがなしたのだ」（シルビオ・ゲゼル「弁護演説」）とドイツの再建に強い意志を見せました。ローザ・ルクセンブルグとカール・リープクネヒトが暗殺され、社会民主主義の政治勢力が分散される中で国民に結集することを呼びかけます。「政党や連立政党と試みを始めてもうすぐ三年に（なりながら）……、状況が益々紛糾し政治的な殺人が、政党政治の武器として行われている……政府の政策には何も期待できない」。「全員の救済」のために「いかなる政党精神にも妨げられることのない全国民の断固とした協力こそ救済の第一条件である……。集まれ！みんな集まれ！誰一人欠けてもならない」と。ところが「マルクスによれば、生産手段が私有財産であるということ自体が搾取の芽を含んでいる」のであり「この論理からは、私有財産を廃止する共産主義にしか、社会から搾取の芽を取り除くことは出来ないと言うことになる」。しかし「共産主義によってしか労働搾取との戦いを勝利に導くことが出来ないのであれば「全国のプロレタリアートはひとつ」

という呼び声は単なるユートピアでしかない」。そう思い至ったゲゼルはマルクスを批判して自説を展開します。「本来の目的である資本主義の克服が共産主義の道以外で可能であれば、農民も役人も教師も医師も技術者も商人も全ての職業人が、共通の敵に対するこの戦いに加わることが出来るだろう」。そして彼は本当に戦うべき問題を提起します。「私有財産自体に搾取の芽が存在するとマルクスが考えたのは思い違いだ。搾取の芽はずっと古代へと遡り、バビロン人、ユダヤ人、ギリシャ人、ローマ人から検討もなく取り入れて以来、一度も検証されたことのない「貨幣と土地の権利」の内に見なくてはならないのだ。二つの簡単な、しかし徹底した包括的な「自由地・自由貨幣」と名付ける改革によって悪をその根本から鎮め、搾取、余剰価値、不労所得、利子、地代、相場差益やその他の寄生虫の欲望から完全に自由になった国民経済を構築し、あらゆる衝撃、恐慌、失業から守り、個人の自由と独立性、個人財産の保護と協調のもとで「完全な労働所得の権利」が完全に実現する」と語ります。（括弧内は全て「ドイツ国民に告ぐ！」より）

さらにゲゼルは当時ドイツを苦しめていた戦後戦勝国によって設立された国際連盟を辛辣に批判します。

「国際連盟を人類連合と決して取り違えてはならない。国がなければもともと人間は互いに固く結ばれている」のであり、「通貨の完全な安定と世界自由貿易こそ、特別の国際連盟を不要とする世界平和の二つの基礎なのだ」とし、「関税自身が戦争の理由なのだ……そして自由貿易こそ平和の前提だ」(「国際通貨同盟」)と戦争に至る構造的欠陥が国境を封鎖してしまう関税だと看破します。

そして自身も実業家であったゲゼルはあくまでリアリストであることを忘れません。「企業家や商人たちを、価格後退や、それに伴う不景気から守る術を知らない限り、自由貿易や、平和や、武装解除のために戦っても意味がないのだ。逆にそうした術を示すことが出来れば、更には現実に証明することが出来れば、そうした戦いは不要なものとなる。すべての企業家、商人、小規模な手工業者も、価格の後退さえなければ、当然、自由貿易に賛成なのだ。……自由貿易への道は安定した価格状態の上に立つ通貨による」(「国際連盟再編とヴェルサイユ条約再検討についてのドイツからの提案」)。

そしてそのための具体的な方法をゲゼルは提案します。当時まだ主流を占めていた金本位制を、新たな金鉱の発見に頼る「偶然本位制」と呼んで否定し、代ってドイツ通貨局の設立による通貨の完全な安定を主張するのです。

「「需要と供給」が再び制限なく価格、労賃、賃金を支配すべきなのだ。人々の経済はかつてのように市場の関係と一致し、再び万人のものとなり、誰もが理解できるものとなる」。そのために「通貨政策の貨幣の量と流通速度という両方の手綱を手にすることで、無制限の力を持つことになる」。ドイツ通貨局が設立され通貨の完全な安定を目指す。「わずかな測り増しもなしに市場の要望を満たす貨幣額と考えることが出来る。いかなる過剰も価格上昇を生む。取引が求めるのは価格の安定だ。価格は下がってはならない、しかし、上がってもならないのだ」「貨幣価値が確固たる状態に保たれることを正義は求める。どうすればそんなことが可能だろうか？　簡単なことだ。貨幣の需要と供給を均衡させればよいだけだ」（「ドイツ通貨局」）。

しかしこうした経済政策が機能するためには、この通貨局が通貨を管理できるように市場が閉じていなくてはならず、一国でこうした経済政策を採るためには「鎖国」せざるをえません。しかしゲゼルが求めたのは分業による発展であり、世界規模の自由貿易であり、まさに鎖国の対極にあるものでした。そこでゲゼルは「国際通貨同盟」の設立を呼びかけます。ここでは金本位制に代って新しい統一通貨ＩＶＡを使った「完全ＩＶＡ本位制」によって、国際間の収支バランスが図られるのです。

理想を掲げる実務家であったゲゼルの次の言葉には、現実と理想を両立しながら追求しようとする強い思いが感じられます。

「これまで知られてきた社会主義的システムは、こうした（搾取との戦いという 訳者）目的を私有財産や自営、自己責任の完全な解消によって目指してきた。それを試みたところでは、そうした解消による欠如の方が戦おうとしていた悪よりも被害が大きかったということ——今日の人間はそのような経済秩序に自分を合わせようとしないことがその度に明らかになった。失敗に次ぐ失敗。そのため多くの社会主義者が我々の社会秩序の改善のためには、何よりもまずより良い人間が必要だという憂鬱で絶望的な意見に至ることになった。これでは希望がない、絶望的だ、自殺しろと言うようなものだ」

「自由地‐自由貨幣協会がその他すべての社会主義的組織と異なるのは、本能が当然の権利として求める普遍的な衝動として私欲を置いたことである」

「とても強い私欲によって、人はしばしば隣人愛の使徒となることがある。なぜなら、自分の幸福がみなの幸福の中に最も確実にあることがわかった人は、みなの幸福のために個人の犠牲を払うことができるからだ。洞察力のある人、もしくは先見の明のある人ほど、全体の幸福に取り組むことが出来るのを観察することが出来る。そういった人は公共の福祉は個々の幸福とつながっているという、しばしばもつれがちな糸を上手に辿ってゆくことが出来る」（「ドイツ通貨局」）

経済を語る中でゲゼルが守ろうとしたものは、人間存在にとってかけがえのない自由と尊厳であったことをその著述の随所に垣間見ることが出来ます。あくまで手段であった経済効率そのものが目的と化してしまった現代、彼が一〇〇年前に目指した理想はとても新鮮に映ります。今後この社会をどちらの方向へと導いていくのか、今日の私たちに課せられた責任は大きいと言わざるを得ません。

「国際通貨同盟」と「ドイツ通貨局」で多ページにわたってほぼ同一の内容が繰り返されていること、また、本文の一部に、今日では不適切と思われる表現が使用されていたものについて、著者の意図を伝えるためそのまま掲載していることを合わせてご了承ください。

今回の翻訳を勧めて下さった今は亡き西川隆範氏、逆風渦巻く時局の中でゲゼルの出版を敢行され続けていらっしゃるアルテ社主市村敏明氏にこころより感謝いたします。

二〇一八年五月

伊藤　壽浩

◆著者

シルビオ・ゲゼル（Silvio Gesell）

1862年—1930年。ドイツに生まれる。1886年、アルゼンチンのブエノスアイレスに渡り実業家として成功を収める。その後、ヨーロッパに戻り、実業家としての自らの体験を踏まえつつ経済学の研究を行ない、1916年、主著『自然的経済秩序』を刊行し、自由地と自由貨幣を提唱する。1919年、バイエルン・レーテ共和国のランダウアー内閣で金融担当相として入閣するが、一週間で共産主義者が権力を奪取し、国家反逆罪に問われる。その後無罪となるが、1930年、肺炎により死去。ケインズは『雇用・利子および貨幣の一般理論』の中で、「未来の人々はマルクスよりもゲゼルの精神から多くを学ぶだろう」と評している。

◆訳者

伊藤　壽浩（いとう　としひろ）

1956年、愛知県に生まれる。京都工芸繊維大学工芸学部卒業。一級建築士。伊藤設計室代表。

国際通貨同盟——ゲゼル・セレクション

2018年6月25日　第1刷発行

著　者　シルビオ・ゲゼル
訳　者　伊藤　壽浩
発行者　市村　敏明
発　行　株式会社　アルテ
〒170-0013　東京都豊島区東池袋2-62-8
BIGオフィスプラザ池袋11F
TEL.03(6868)6812　FAX.03(6730)1379
http://www.arte-pub.com
発　売　株式会社　星雲社
〒112-0005　東京都文京区水道1-3-30
TEL.03(3868)3275　FAX.03(3868)6588
装　丁　Malpu Design（清水良洋＋柴崎精治）
印刷製本　シナノ書籍印刷株式会社

ISBN978-4-434-24786-6 C0033 Printed in Japan